KB263132

목회 속에 피어나는
복지

목회 속에 피어나는 복지

권태진 지음

쿰란출판사

서문

영광을 오직 하나님께만 돌립니다. 살아 있는 자체가 은혜이며, 행하는 모든 것도 주신 분이 영광을 받아야 할 것으로 믿습니다. 나의 목회와 삶의 언저리에 체험된 것을 한 알 두 알 모아 한 권의 책에 담게 되었습니다. 목회 35년을 돌아보니 분초를 지키신 살아계신 님의 호흡에 큰 사랑을 느낍니다. 하나님이 나를 사랑하셔서 계곡을 만나고 낭떠러지를 만나 긴긴 밤 기도함으로 실패의 원인을 알게 하심과 말씀을 묵상하게 하심도 나를 자녀로 인정하신 아버지의 사랑이었습니다.

전능자가 종에게 주신 사랑이 너무 커서 전하지 않고는 견딜 수 없어 껍질 헤치고 나온 빨간 석류처럼 부끄러움 무릅쓰고 조용히 마음을 열었습니다.

하나님이 주신 은혜로 사람이 좋아 동행하여 목회를 하다 보니 많은 사람이 찾아오고 선한 사마리아 사람이 많은 교회가 되었습니다. 선이라 생각하면서 복지를 실천한 것이 아니라 예수님의 발자취를 생각하며 가난한 자, 병든 자, 소외된 자들과 가슴으로 만나 서로의 행복을 주고받게 되었습니다.

이 책은 오래 전 여러 권의 수필집에 발표한 것 중에서 목회를 하면서 하나님과의 관계, 사람과의 관계, 복지 관계에 대한 수필을 모았고 마지막 장은 노인복지를 실천하면서 느낀 점을 엮었습니다. 2003년 6월에 초판 발행을 했고 오늘 두 번째 발행을 합니다.

이 책이 나오기까지 인도하신 하나님께 영광을 돌리며 수고한 아내와 출판부와 기도한 온 성도들에게 감사를 드립니다. 이 책을 읽는 분들의 마음이 따뜻해지며 삶 속에 아름다운 행복의 꽃이 필 것입니다.

이 글을 읽는 모든 분들에게 하나님의 은총이 있기를 기원합니다.

권 태 진 목사

이 시대의 참 목자상

먼저 귀한 책을 내 주신 권태진 목사님께 감사드립니다.

권 목사님은 제가 가르친 제자이지만 제게는 항상 친구와 같은 분입니다. 그가 몸을 아끼지 않고 헌신적으로 주님의 몸된 교회를 위하여 일하시는 모습을 보면서 저는 그에게서 참 목자상을 보곤 합니다.

교회가 할 일은 첫째, 주의 복음을 증거하고 둘째, 남을 섬기는 일(봉사)인데 권 목사님은 복음의 열정과 남을 섬기는 일에 남달리 뛰어난 분입니다. 선교사를 파송하고 복지기관 성민원을 운영하면서도 글을 쓰고 책을 만들고 시를 쓰면서도 늘 학문하는 일에 소홀히 하지 않고 손에서 책을 놓지 않는 학자적인 목사님입니다.

　　앞으로 목사님의 받은 은사를 통하여 많은 사람들에게 큰 도
움이 있을 것을 믿습니다.
　　다시 한 번 목사님의 저서 출판을 축하드리면서 추천의 말씀
을 드립니다.

합동신학대학원대학교 명예총장 신 복 윤 박사

21세기가 기다리는 미래의 한국 교회상

권태진 목사를 나는 30년 가까이 수리산 서쪽 기슭에 있는 에덴 기도원이라는 작은 기도원에서 거의 매주 토요일마다 만나 교제하며 동역자로 지내고 있습니다.

권태진 목사는 세 살 때 아버지를 여의고, 질병으로 수없는 고난을 겪어가며 살아온 사람입니다. 혼자 되신 어머니마저 중풍으로 쓰러져 문 밖 출입을 못 하시는 가운데 가난과 갖가지 고난 속에 들풀처럼 사시다가 예수님을 영접한 후, 권사 직분으로 하늘나라에 가셨습니다.

천막교회·가정교회·2층 교회를 거쳐 교회 건축이라는 힘겨운 때에도 군포시노인복지관 수탁을 시작으로 14년째 어려운 이웃들에게 예수 그리스도의 복음을 통한 영혼 구원과 사랑 섬김을 계속 해오고 있습니다. 군포제일교회는 목사님과 함께 온 교우들이 정성을 다해 이 소자 중 하나에게 한 것이 곧 주님께 한 것임을 성경대로 믿고 실천하는 건강한 교회입니다.

이번 《목회 속에 피어나는 복지》라는 저서는 이론이 아닌 목회 현장에서 온 교우들과 함께 실천하며 체험한 하나님 은혜의 산 증거들입니다.

"너희는 세상의 빛이다 너희는 세상의 소금이다."라고 하신 주님의 말씀대로 어두움과 절망, 질병과 고난, 외로움과 두려움 속에 꺼져가기 쉬운 노인들에게 주님의 손과 발이 되어주며 살아가는 목회자와 군포제일교회 성도들, 그리고 수많은 자원 봉사자들의 이야기가 실추되고 침체된 한국교회를 다시 한 번 교회다운 교회, 칭찬받는 교회가 되게 하고 세상을 살맛나는 세상으로 변화시키며 영혼 구원과 사랑 섬김으로 부흥하는 교회로 인도하는 길잡이가 되리라고 믿어 기쁨으로 추천합니다.

안산동산교회 김 인 중 목사

Contents

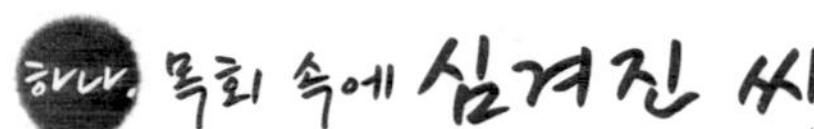

하나님의 부르심 15 / 위기는 기회다 23
기적을 체험케 하시는 하나님 28
핍박 속에서 믿음은 자라고 31
주님의 뜻대로 34 / 천막교회 38
가정교회 41 / 2층교회 44
사택을 옮기며 46 / 꿈의 교훈 49
개척하는 교역자에게 53

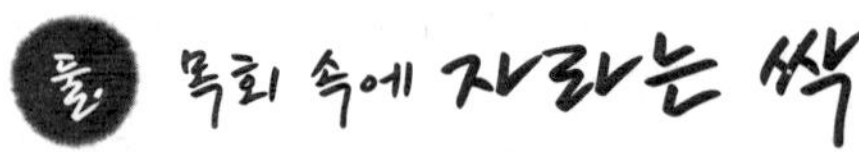

환난 중에서도 주님과 동행하라 63 / 갈등과 위로 67
사람을 키워야지 73 / 비전을 함께한 아내 76
사랑이라는 병 80 / 이러쿵 저러쿵 84
나의 머리 둘 곳이 어디뇨 87
나의 안식은 순종의 삶뿐이다 90
지나간 세월은 아름답다 92 / 환난 속에 자라는 교회 95
입관예배를 마치고 101 / 목회자만의 기쁨 107

셋. 목회 속에 성장한 줄기

교육의 위대함이여 113 / 기다려 주지 않는 부모 117
우리 엄마도 생각해 주세요 119
왜 세상이 지옥보다 싫을까 122
어머니 천국 가신 날 125 / 어머니 죄송해요 130
그 나라가 좋아요 135 / 아버지께 기쁨의 선물을 139
이렇게 가십니까 142 / 두 종류의 죽음 144

넷. 목회 속에 피어난 꽃

소년 가장의 믿음 151 / 어느 노인학생의 눈물 154
믿음의 아버지 159 / 부모의 사랑까지 변한다면 164
참된 사랑 167 / 힘없는 사람들 172
열매를 보면 나무를 안다 175 / 고향 잃은 나그네 178
나오미와 룻을 보시오 181 / 교회와 노인학교 184

다섯. 목회 속에 맺어진 열매

헌신된 일꾼을 주소서 191 / 노인은 장애인이다 194
천국 가는데 필요한 것 197 / 노인복지관이 왜 필요한가 202
복지관 수탁운영을 하면서 204 / 봉사자 대회를 마치고 207
살구꽃 피는 마을 209 / 다시 한 번 생각할 때 216
볶음밥이 개밥인가 220 / 뒤를 돌아보며 223

하나.
목화 속에 심겨진 씨

하나님의
부르심

나는 평범한 교육자의 가정에서 태어났다. 세 살 때 아버지를 여의고 홀어머니와 함께 살아온 15년의 숨막히는 시간들과 병든 육체로 인하여 한없이 눈물 지으며 탄식할 때 주님의 부르심을 입어 교회에 출석하게 되었다. 병든 자를 부르신 하나님의 사랑에 감사한다.

교회에 나가기 전에는 교회를 핍박하는 사람들의 잘못된 지식대로 교회를 "교회는 연애당이다. 교회에 가면 신발이 없어진다. 고무신 훔쳐 가는 곳이다."라고 생각했다. 그 당시만 해도 고무신이 귀한 때였다. 또한 연보하는 방법이 지금 같지 않고 잠자리채 같은 기구를 들고 다녔기에 교회를 잠자리채를 들고 '돈 내라' 고 하는 곳으로 알았다. 그래서 교회 다니는 친구들을 이상하고 좀 모자라는 아이들처럼 보았던 것이다.

내게 이런 생각이 심겨진 것은 아주 어릴 때였다. 다른 친구들은 가족이란 배경을 믿었지만 어릴 때부터 모든 일을 내 힘만으로 해결해야 했다. 그러한 이유인지 모르나 운동을 시작하게 된 내가 운동에 걸맞는 식사를 하지 못하고, 덩치는 작은 데다 지지 않으려 하다 보니 나의 몸은 폐결핵으로 만신창이가 되었다. 오후가 되면 온 몸에 신열이 나고 가슴은 바늘로 찌르는 것 같은 고통을 느꼈다. 얼굴의 피부는 검은색으로, 입술은 연두 빛으로, 눈가는 원숭이처럼 검은 반점이 생겼다. 다리와 팔은 운동했던 근육이 빠지느라 너무 아파서 밤새도록 잠을 이루지 못했다.

사진 촬영 결과 폐결핵으로 폐에 구멍이 났다고 한다. 너무 늦었지만 한번 약이나 써보자면서 '피스짓'과 '아이나'라고 하는 두 종류의 약을 주었다. 집에 돌아와 약을 먹기 시작했다. 약을 먹으니 온 몸이 더 쑤시고 소화도 되지 않아 결국 위장까지 문제가 생겼다. 이 고통과 아픔은 상상을 초월하는 것이었다. 그러던 어느 날 나는 아픔으로 인하여 '인생이 무엇인가? 너무 허무하다!'는 생각을 하며 뜰에 앉아 눈물을 흘리고 있었다. 지금 생각하니 나 자신 때문에 우는 것은 철들고 나서 처음이었던 것 같다.

나는 일찍이 나폴레옹 전기를 읽었는데, 그는 눈물이 나면 눈물이 땅에 떨어지지 않도록 했다는 말에 공감이 가서 눈물이 나오면 다시 집어넣는다는 자세로 정신력을 키워 왔다.

그런데 그날은 뜨거운 눈물이 하염없이 나의 얼굴과 가슴을 적시었다. 그날은 수요일 오후였다. 점촌제일교회당의 종소리가 멀리서 들려왔다. "땡그랑댄, 땡그랑댄 땡그랑댄……." 하는 것이 나의 가슴을 사정없이 때렸다. 또 어서 오라는 음성으로 들리기도 했다. 왠지 나의 마음속에 그곳에만 찾아가면 무엇인가 해결

될 것 같은 생각이 들었다. 종소리가 멈추자 나도 교회에 가 보아야겠다는 생각이 들었다.

다음 날 용기를 내어 교회에 갔다. 그날은 예배드리는 날이 아니었다. 교회 정원에 한 신사가 꽃나무에 물을 주고 있었다. 나는 용기를 내어 들어가 모자를 벗고 인사를 했다. "선생님 안녕하세요? 저 같은 사람도 교회에 올 수 있습니까?" 했더니 그분은 물을 주던 조리개를 땅에 내려놓고 악수를 청하는 것이었다. 나는 너무나 감격했으며 도저히 이해가 되지 않았다. 그때까지만 해도 교회에 대한 나의 생각은 아주 잘못되어 있었던 것이다.

부자는 없는 자를 멸시하고, 강자는 약자를 지배하고, 지식인들은 보통 사람과는 상대해 주지 않는다는 편협된 생각을 늘 하고 있었다. 다정스럽게 대하는 그분의 인자한 모습이 아직까지도 나의 눈에 선하다. 나는 목사님이 무엇하시는 분인 줄도 몰랐기 때문에 '선생님'이라고 불렀다. 그때부터 나의 생각이 잘못되었다는 것을 조금씩 깨닫게 되었다. '지식인들 가운데도 저렇게 겸손하고 인자한 훌륭한 분이 계시는구나!' 라는 생각을 하게 되었다.

주일이 되었다. 교회 근처까지 갔지만 도저히 용기가 없어 들어가지 못하고 집으로 돌아왔다. 저녁 시간에 예배가 있다는 것을 알았으나 혼자 갈 용기가 생기지 않아 친구를 데리고 갔다. 가지 않으려는 친구를 강제로 데리고 교회 안까지 들어갔다. 내가 자리잡은 곳은 신발장 앞이었다. 잔뜩 긴장이 되어 처음부터 끝까지 무릎을 꿇고 있었으나 무릎이 아픈 줄도 몰랐고, 그 예배 시간이 너무나 짧게만 느껴졌다. 나와 동행한 친구는 매우 고통스러워했다. 예배가 끝나자 나의 마음속에는 큰 위로와 기쁨이 샘솟았다. 나는 진작 교회에 출석하지 않은 것을 후회했다. '하나님 말씀을 듣고 사는 교인들은 정말 행복한 사람이겠구나.' 하는 생각이 들었다. 내 눈에는 목사님이 한 분의 신으로 보였고 교인들은 천사와 같이 보였다. 내가 이곳에 속했다는 자부심 때문에 기분이 좋았다. 이제는 주일을 기다리는 자가 되었다. 교회에 가는 것을 기다리는 것 때문에 몸이 아픈 것까지 잊어버릴 정도였다. 약 한 달이 지나자 교회에서 나의 자리는 제일 앞자리가 되었다. 예배 시간 전에 가서 기다리고, 찬송을 부르고, 설교를 들으니 마른 스펀지에 물이 스며드는 것처럼 시원함을 느꼈다.

처음에 같이 간 병일이라는 친구는 출석하지 않고 나 혼자만 교회 가서 설교를 듣고 감격해서 나오는데 어떤 청년이 나를 보자고 하였다. 나는 그가 원하는 대로 사람이 없는 교회당 뒤로 끌려갔다. 그때 그 청년이 "야! 이 ××야 너 누구 꼬시러 왔어?"라고 하는 게 아닌가! 그 청년은 내가 여학생 때문에 온 것으로 착각했던 모양이다. 그때 "형, 교회에 몇 년이나 다녔어?"라고 물었다. 그는 7년 다녔다고 했다. 너무 실망해서 한바탕 싸움을 했다. 교회 다니는 사람을 천사로 보았는데 사람의 진실을 그렇게 몰라주는 것에 대해 실망을 하고 집으로 와서 한 주간 동안 울면서 시간을 보냈다. 나의 마음이 양말짝이면 뒤집어 보이기라도 하지만 마음은 보여줄 수도 없는 게 아닌가!

다음 주일이 되었다. 전 주일에 청년과 싸움을 했으므로 종소리를 듣고도 교회에 가지 못하고 괴로워만 했다. 어느 날 중학교 동창이 우리 집 앞을 지나갔다. 그는 점촌감리교회 학생회 회장이었다. 중학교 다닐 때는 내가 교회 다니는 학생들을 놀렸기 때문에 감히 전도하는 자가 없었다. 지나가는 그 친구를 불러 세워 놓고 "야! 네가 다니는 교회에 나가도 되냐?" 했더니 매우 기쁜 마음으로 오라고 했다. 하루는 그 친구가 나에게 이런 부탁을 했다. 우리 교회에는 여학생들이 많은 데다 동네에 이상한 청년들이 있어서 예배 후에는 집까지 데려다 주어야 된다고 하였다. 또 예배 시간에 창문 너머로 여학생들을 괴롭히는 사람이 있으니 나보고 안내를 보라는 것이었다. 나는 그 친구의 말에 일리가 있다고 생각이 되어 적극 협조하기로 했다.

성탄절을 몇 주일 앞둔 무렵, 교회 십자가에는 별을 만들어 장식하고 주일학교는 성탄 발표회 준비로 분주했다. 학생들은 보조 교사를 하고 성탄절의 들뜬 분위기가 무르익고 있었다. 거리의 상점과 전파사에서는 '징글벨' 등의 다양한 캐럴송이 울려 퍼졌다. 토요일 학생회 예배 시간이 끝날 무렵 세 명의 불량 청소년이 교회에 찾아와 학생회장을 괴롭히고 욕지거리를 했다. 그들을 보니 정식으로 운동을 한 것 같지는 않았다. 내가 그들을 향해 "야! 교회 와서 이렇게 하지 마라." 했다. 그때 그들 중의 하나가 날 보고 "쪼그만 ××가 까불어, 너 한번 맛 좀 볼래?" 하는 것 아닌가. 나는 "그래!" 하면서 화장실 뒤로 가서 정식으로 싸움을 했다. 5분 정도의 육박전 후에 나의 승리로 끝이 났다. 5년 동안 태권도를 한 것이 빛을 보았다고나 할까? 그래도 코에서는 피가

나고 옷은 여기저기 찢어지고 눈에는 멍이 들고 얼굴은 울긋불긋 했다. 싸움이 나의 승리로 끝이 나자 학생들은 용기를 얻었고 싸움에 진 학생들은 다음에 보자고 하면서 돌아갔다.

내가 싸운 소식을 목사님께서 들으셨는지 나를 불러서 교회가 해야 할 일을 가르쳐 주셨다. 교회는 불량한 사람이나 선량한 사람 누구나 나와서 예배를 드리고, 하나님의 말씀으로 변화되는 곳이지 특정한 사람만 다니는 곳이 아니라고 하셨다. 그후 나는 깨달은 바가 있어 학생회 안내를 하지 않고, 앞자리에서 예배를 드리며 성경과 기도에 관심을 갖기 시작했다.

어느 날 부흥 성회가 시작되었다. 유명한 부흥사님이 오신다는 말에 잔뜩 기대에 부풀었다. 열심히 북에 맞추어 박수를 치며 찬송을 불렀다. 교회에 출석하면서 내가 아팠다는 것을 느끼지 못했는데 부흥회 기간 중 계속하여 박수를 치니 온몸이 전기에 감전되는 것 같은 느낌에 휩싸였다. 목사님의 설교가 모두 나를 향해 하시는 것 같았다. 앉은뱅이가 일어난다고 했다. 중풍 병자도 고침 받는다고 했다. 혈루증으로 마른 자가 고침을 받는다고 했다. 그 말씀을 하실 때마다 "아멘, 아멘!" 소리가 나도 모르게 나왔다. 인간적으로 보면 완전히 미친 사람의 모습 그대로였다.

부흥회 3일째 되던 날 철야 기도가 시작되었다. 열심히 찬송을 부르다가 정신을 잃었는데 그때 너무나도 신비스러운 체험을 했다. 하늘에서 찬란한 빛이 나에게 비추더니 천사들이 나를 안고 신비의 세계로 인도해 가는 것이 아닌가. 천사의 인도를 받아 궁전 같은 곳으로 다다르니 땅에서 보지 못한 여러 종류의 과일 나무가 보였다. 황금으로 된 보좌와 아름다운 기둥들도 보았다. 그리고 커다란 바다를 보았다. 그 바다의 신비로움을 어찌 언어로 표현할 수 있겠는가! 나는 아름다운 꽃동산도 보았다. 그후 누구의 손에 붙잡혀 여러 곳을 다녔으며 그 아름다움에 도취되어 눈을 더 크게 뜨고자 하였을 때 모든 신비로움은 순식간에 사라졌고 옆에 있는 성도들의 기도 소리가 들렸다. 나는 눈을 뜨기가 싫었다. 그 아름다움을 더 오래 간직하고 그 아름다움이 무엇이었는지 더 알고 싶은 생각이 간절했기 때문이다. 한 시간 이상 지난 후 일어나 옆에 있는 분들의 얼굴을 쳐다보았다. 모두가 천사의 얼굴 같았다. 사람의 얼굴이 이처럼 아름답고 정교하게 창조되었는지 예전에는 미처 몰랐다.

그후 나는 하나님께 무릎을 꿇고 기도하기 시작했다. "하나님, 목사가 되겠습니다." 하고 간절히 서원 기도를 했다. 그러던 어느 날 방언을 받아 밤마다 '라라라 따따다' 하니 집에서는 미친 사람으로 낙인이 찍혔다. 그후 나의 병든 몸은 완전히 나아 얼굴에는 화색이 돌고 마음에는 기쁨이 충만하게 되었으며, 성경은 나의 음식이 되었다. 부흥회가 있을 때면 나는 성도들 앞에서 내가 보았던 천국에 대하여 간증을 하게 되었고 신자들에게는 신앙의 유익이 되었다.

은혜 받고 병은 고쳤으나 빨리 달군 쇠가 빨리 식는다고 나의 감정과 이성은 점점 성령 충만 전 시기로 돌아가는 듯했다. 나는 사람에 대하여 별 호감을 느끼지 못하고 어릴 때부터 가난과 싸워 왔기 때문에 부자가 되겠다는 꿈을 버리지 못하고 있었는데 이 욕망이 되살아나더니 목사가 되겠다던 소원도 잊고 기도도 하지 아니하고 단지 돈을 많이 벌어서 교회 일을 하겠다는 생각만 들었다. 그리고 은혜 받기 위해 부흥회와 이산 저산을 찾아 기도하기 시작했다.

위기는
기 회 다

사람은 살아가다 보면 누구나 위기에 직면할 때가 있다. 위기란 인생의 모퉁이에 복병처럼 숨어 있다가 예고 없이 우리의 등덜미를 내려치는 것이다. 그러나 이렇게 위기가 닥쳤을 때 누구나 다 그 앞에 무릎을 꿇고 좌절하는 것은 아니다. 위기를 잘 극복하여 새로운 기회로 바꾸어 놓는 사람도 얼마든지 많다.

특별히 우리 믿는 사람에게는 어떠한 위기가 와도 결코 인생을 망하게 할 수 없다. 위기는 도약을 위한 하나님의 섭리라는 것을 믿게 될 때 비로소 환난 중에서도 소망을 얻고 즐거워할 수 있을 것이다.

내 삶에도 누구 못지않은 위기의 순간이 있었다.

아직 신앙이 없던 고등학생 시절이다. 부와 권세를 꿈꾸며 세상의 즐거움에 빠져 있던 어느 날, 의사로부터 폐병 3기라는 진단을 받았다. 지금처럼 의학이 발달하지 못했던 그 시절, 그것은 마치 사형선고와도 같았다. 굳게 믿었던 자신의 의지는 건강과 함께 하루아침에 무너져 버리고 속절없이 눈물만 흘릴 뿐이었다. 건강이 무너지자 모든 것이 다 사라졌다. 어떤 사람도, 어떤 즐거움도, 물질도 그 아무것도 위로가 되지 않았으며, 육체의 고통과 죽음의 공포만이 나를 괴롭혔다. 자살이라도 하고 싶은 그 심정을 아무도 이해하지 못할 것만 같았다. 그래서 주님을 찾았다. 건강이 있을 때는 나 자신을 믿었으므로 두려울 것이 없었고 신앙에 대한 관심이 전혀 없었으나, 모든 것을 잃어버리고 난 그때 의지할 것은 오직 하나님밖에 없는 것을 깨달았다.

강단에서 전파되는 설교 말씀은 천국에서 들려오는 사랑의 음성이었고, 나의 빈 마음을 채워주고, 병든 육체를 소생시키는 주님의 손길임을 느끼게 되었다. '아! 이 땅에도 저처럼 위대한 분이 있을까! 이러한 말씀을 듣고 사는 사람은 얼마나 행복할까? 왜 진작 이처럼 꿀송이보다 달고 맛있는 교훈을 듣지 못했을까…….' 하는 후회와 설렘이 가슴 가득 채워졌다. 말씀을 전하는 분이 신에 가까운 분으로 생각되고 모든 성도들은 천사와 같이 보였다. 몸이 아프다는 것조차 잊어버릴 정도로 하루하루 주일을 기다리며 보냈다.

병중의 고통은 그리스도를 영접하게 하였고, 천하게 보였던 교회를 아주 위대한 곳으로 인식하게 하는 기회가 되었다. 부정적인 사고방식이 긍정적 사고로 변했고, 세상에서의 부와 권력보다 더 귀한 것이 교회 안에 있다는 것도 깨달았다.

이렇게 그 고난은 내게 제 2의 탄생을 가져다 준 아름다운 사건이 되었다. 하나님은 나의 인생의 위기를 영원한 성공의 기회로 만들어 주신 것이다.

성경을 보면 모세가 애굽에서 이스라엘 백성을 돕다가 애굽 사람을 친 것이 그만 살인으로 연결되는 사건이 기록되어 있다. 그때 모세는 왕의 낯을 피하여 광야로 도망하여 40년 동안의 연단을 받게 됨으로 이스라엘의 대 영도자가 될 수 있는 자질을 키우게 된다. 모세가 이스라엘의 대 영도자가 되고, 또 하나님의 능력을 입은 자가 되는 과정을 보면 실패는 단순한 실패가 아니라 결국은 성공자가 되기 위한 계기라는 것을 깨닫게 된다.

성경 속의 다니엘은 사자굴에 들어갈 수밖에 없게 된 위기를 자신의 방법으로 해결하려 하지 않고 하나님의 방법으로 해결했다. 그 결과 사자굴에 들어가는 형벌은 원수 갚는 기회, 높아지는 기회로 변했다.

성경에서뿐만 아니라 우리 주변에도 위기를 기회로 만든 사람이 많이 있다. 내가 아는 어떤 분은 사업을 하다가 부도가 나서 어려움을 당하였다. 사람의 낯을 피하여 기도원에 들어가 자기의 삶을 돌아보며 철저히 회개하고, 그후에는 신학을 공부하여 목회자가 되었다. 일반적으로 대수롭지 않게 생각하는 사람들도 있겠지만 하나님, 그리고 본인에게는 정말 좋은 결과를 얻게 한 실패가 아닌가.

성공과 승리의 기회는 환난과 핍박과 고난으로 접근해 오기도 한다. 무서운 시련이 닥쳐온다고 해도 신앙을 지키면서 진실하게 마음을 비우는 것이 기회를 잡을 수 있는 방법이다. 지금 실패하고 있다고 생각하는가? 이 순간을 그리스도를 영접할 수 있는 기회로 삼고 그리스도를 더욱더 의지하는 기회, 능력받는 기회로 삼는다면 어떨까? 천국을 소유하는 소망 가운데 기쁨을 얻게 되고, 초라한 우리의 옷을 벗어 버리고 빛의 갑옷을 입게 될 것이다.

"너는 위기를 기회로 만들고 있는가?" 하는 물음에 나는 "예." 하고 대답할 수는 없다. 물론 아니라고 대답할 수도 없다. 오직 주께서 아실 것이니 나로 하여금 위기를 승리의 기회로 만들게 해달라고 기도할 뿐이다.

돛대 향해

세상과 질병의 포로된 나
구원시키신 주님께서
나를 주의 일 맡기셔서
정신없이 열심히 뛰다가
앞길 막혀 서 보면
주님의 따뜻한 가슴이었어요

기진하여 쓰러져 있을 때
어루만져 주셨고
일 욕심 모두 빼 내어
은사대로 앞으로 가게 하셨어요

세상에 포기하지 않을 것
없음을 알게 해 주시고
저 천당 손짓하며 보게 하시니

항상 기뻐하고
쉬지 말고 기도하고
범사에 감사가 힘들지 않네요

오! 님이여
저 돛대 향해 올라가게 하소서.

돛대 향해

기적을
체험케 하시는
하 나 님

초겨울에 서울역에 도착했다. 갈 곳이라고는 형님이 서울 삼양동 산동네에 조그마한 방을 얻어 놓은 곳뿐이었다. 온몸이 피곤에 지친 상태였기에 몰골이 말이 아니었다. 겨울철이라서 일거리가 없는지 형님은 고향으로 내려가고 나 혼자서 그 집에 남게 되었다. 형님은 집에 내려가면서 나에게 주라고 용돈을 주인에게 맡기고 내려가셨다는데, 그 주인이 나에게 전해주지 않아 배고픔과 추위로 고통이 점점 더 심각해졌다. 추운 방에서 자고 나니 입이 돌아가고 영양실조로 온몸이 수척해지며 뼈 마디마디가 다 아프기 시작했다. 그것을 본 주인이 큰 인심이나 쓰듯이 자기 돈을 주는 것처럼 온갖 생색을 내며 몇 푼 주어, 약을 사 먹고 건강을 되찾게 되었다.

나는 혼자의 힘으로 살아남기 위하여 이력서를 써 들고 사원을 모집하는 여러 곳을 찾아갔다. 처음 이력서를 넣은 곳이 신기

<u>28</u>

실업 주식회사였다. 하는 일은 버스안내양들의 부정을 찾아내기 위하여 넘버링을 가지고 인원 체크를 하는 일이었다.

또 어떤 곳에는 며칠간 근무하여 보니 양심 있는 남자로서는 도저히 있을 수 없는 자리였다. 정신 똑바로 차리지 않으면, "서울 사람들은 눈앞에서 코 베 간다."는 말을 실감하는 자리였다. 그 곳은 진짜 도둑놈들의 소굴이었다. 사무실을 하나 빌려서 간판을 건 후 사원을 모집한다는 광고를 내고, 사원 채용을 미끼로 돈 있는 사람에게는 보증금을 받아 가로채는 자들이었다. 몇 주일 허송세월을 하고 다른 회사를 알아보기 위해 이곳저곳을 찾아다녔다. 또 한 회사에 이력서를 내니 신원보증서와 재정보증서가 필요하다고 했으나 서울에서 나의 신원 및 재정보증을 서줄 만한 사람이 없어 회사에 들어가지 못했다. 이런 참담한 생활 가운데서도 신앙생활만은 열심히 했다.

하나님은 그런 나의 자세를 미쁘게 보셨는지 삼양 시장에서 조그마한 반찬가게를 하시는 분을 교회에서 만나게 해 주셨다. 나는 진심으로 그분을 따랐고, 그분도 젊은이가 객지에서 고생한다고 나에게 라면도 끓여 주시고 밥도 지어 주셨다. 나에게는 어머니의 젖줄처럼 귀한 분이셨다.

하루는 그분이 경동시장에서 채소를 구입하여 리어카로 실어와야 한다며 나에게 도움을 청하기에 나는 새벽 일찍이 동행했다. 그분은 앞에서 끌고 나는 뒤에서 밀었다. 식사를 제대로 하지 못해서 영양상태가 좋지 않아 눈에서는 반딧불이 반짝였고 뼈마디는 저리다 못해 시렸다. 대지 극장을 몇 미터 앞에 놓고는 도저히 손으로 밀지 못하고 머리를 채소 단 사이로 처박고 온 몸으로 밀었다.

그즈음 배고픔에서 오는 고통과 서러움을 하나님을 믿는 믿음으로 이기는 체험을 하게 되었다. 어느 날 라면 하나를 먹고 하루를 지내다 저녁에 배가 고파서 교회당으로 갔다. 마룻바닥에 앉아서 처음 은혜를 받았을 때를 생각하며, 그동안 기도 생활을 제대로 하지 못한 것을 회개하며 하염없이 울었다. 울다 지쳐 잠이 들었는데 어머니의 품안처럼 편안한 품에 안기어 있었다.

그날 밤 꿈에 하얀 쌀밥과 고기반찬을 원없이 실컷 먹었다. 그러던 중 옆에서 사람 소리가 났다. 그때가 새벽기도 시간이었다. 나의 구부정한 허리는 펴졌고, 허기진 배는 덤덤해졌으며 해쓱한 얼굴에는 화색이 돌았다. 나는 이 기적을 체험한 후 건강과 기쁨의 주인이 하나님이신 것을 확실히 믿게 되었다. 그후부터는 여러 환경과 사건을 통하여 먹을 것을 얻게 되었다. 꿈에 먹은 밥 때문에 배가 부른 이런 체험이 정말 신기했고 그런 것들을 믿는 선배와 친구들과의 인연이 나의 인생에 큰 변화를 주었다.

아! 그립다! 그때 그 시절의 포근하고 따뜻했던 성도들과의 교제와 은혜로운 간증의 시간들이……

핍박 속에서
믿음은
자 라 고

낙엽이 우수수 떨어지고 밭둑의 감나무에는 빨간 홍시가 대롱대롱 매달리는 시기에 나는 아산만 성문 근처에 파견되어 군복무를 했다. 주일이 되면 교회에 나가고 싶어서 안달이 났다. 교회에 출석하기 위해서는 평소에 열심히 일해야 했는데, 분초의 분위기는 나로 인하여 항상 편안하지 못했다. 그 이유는 고참들이 상병에게 주일날 일하기 싫어서 빠져나가는 졸병을 그냥 둔다고 잔소리를 하고 기합을 주었기 때문이었다.

주일이 되었다. 성경책을 들고 면소재지에 있는 교회에 갔다 왔을 때 모두들 작업을 하고 있는 것이 아닌가? 내일 사단장님이 오신다는 것이었다. 미안한 마음은 컸지만 주일에 교회 가는 것만은 양보할 수가 없었다. 저녁 시간이 되자 내무반 분위기가 매우 살벌해지더니 하사와 병장 간에 싸움이 시작되기 직전이었다. 모두 술이 거나해지자 졸병들은 사시나무 떨 듯 두려움에 떨었다. 그때 내가 불려 나갔다. 성난 하사 왈 "졸병 ××가 일요일이 되면 여자나 보러 나가고, 그러면서 농땡이 치는 꼴 난 더 이상 못보겠으니 이제 널 죽여 버리겠다."는 것이었다. 순간 나는 마음에 담대함이 생겼다. 사람이 한 번 죽지 두 번 죽느냐는 생각이 들었다. 그 하사는 내가 술을 먹지 않는 것을 알고 군대 대접에다 소주를 한 가득 주면서 이것을 마시면 용서해 준다고 했다. 모든 시선이 나에게 집중되었다. 꼭 간음하다가 현장에서 잡혀 온 여인의 형편처럼 죽일 놈이 되었다. 나는 술이 든 대접을 받았다. 그리고 입에만 대고 삼키지 않고 돌아서서 마시는 흉내를 내면서 부었다. 그 소주가 목을 타고 내의와 팬티 그리고 양말까지 내려갔다. 모두들 내가 술을 마신 것으로 착각했으나 정작 나는 술을 먹지 못하기 때문에 옷 속으로 부은 것이다. 그후 아무 말 없이 잠자리에 돌아와 잠을 잤다.

약 2시간 후 싸움이 붙어 머리가 깨어지고 피를 흘리며, 술 취한 병장이 와서 다른 졸병의 머리를 구둣발로 차는 등 분위기가 살벌했다. 나는 일어나 밤새 보초를 서면서 "하나님 나에게 지혜를 주시지 않았다면 병신이 되었을지도 모릅니다." 하고 하나님께 기도하며 감사의 눈물을 흘렸다.

다음 주일이 되었다. 나는 또 성경책을 들고 교회 가려고 중사인 분초장에게 허락을 받았다. 그러나 하사인 분대장은 교회 가는 것을 좋아하지 않는 눈치였다. 그래도 굽히지 않고 교회에 다녀왔다. 그날도 분위기가 썩 좋은 편은 아니었다. 분초장은 없고 하사만 있었다. 들어가는 나에게 "너 이 ×× 또 교회 갔다와!

오늘 맛 좀 봐라!!” 하며 야전삽을 들더니 모서리로 내리치며 나를 때리는 것이다. 내가 너무 고통스러워하니까 군홧발로 나의 장딴지를 걷어찼다. 얼마나 힘껏 찼는지 박 하사의 군화 앞창이 터질 정도였다. 다리의 근육은 만신창이가 되어서 엎드려 잠을 자야 했다. 그런 서러움과 고통스러움은 예수님을 믿었으므로 잘 견딜 수 있었다. 박 하사가 제일 싫어하는 분이 중사님인데 그분이 나를 인정해 주고 있다는 것에 더욱 화가 난 것 같았다.

몇 번을 맞고 나니 주일만은 열외가 되었다. 이제는 눈치도 보지 않고 떳떳하게 갈 수 있었다. 비상이 아니라 세상 없어도 나의 교회 출석만은 허락이 되었다. 환난을 통과하지 않고는 인정과 안식이 없음을 또 한 번 절감했다. 나를 연단하여 정금 같은 믿음을 소유케 하시는 하나님께 영광을 돌린다.

불같은 연단을 받고 군대에서 제대했으나 하나님과의 처음 사랑을 잃어버리고 있었다. 그러나 하나님께서는 위장병의 고통을 통하여 인자한 사랑의 손으로 나를 잡아주고 계셨다. 주님의 강권적인 역사로 어린이대공원 후문 구의동으로 이사했다. 군에서 전역한 후, 예비군복을 입고 청년회에 들어가 주일학교 교사를 담당하고 있을 때, 담임목사님으로부터 신학교에 가라는 권유를 받게 되었다. 생활의 궁핍함을 핑계했으나 더 이상 거절할 수 없었다. 처음 은혜 받았을 때는 목사가 되겠다고 서원기도를 했었다. 하지만 시간이 지난 후에는 그 일들을 거의 잊어버리고 육적인 것을 중심으로 생활하고 있었다. 학교 다니며 처음 은혜 받았을 때는 목회자가 좋게만 보였고 나도 할 수 있다고 생각했으나, 나이가 들면서부터는 내 자신이 너무 부족한 것을 알았기 때문에 목회자가 될 수 없다고 스스로 인정하기 시작했던 것이다.

목사님의 주선으로 신학교에 입학해 공부를 시작했다. 평신도 때에 입학하여 전도사가 되었고 그 기간 동안 사랑하는 아내도 맞이하게 되었다. 졸업하자 동료들은 교회 개척을 하기 시작했고 나는 다니던 교회에서 나와야 될 형편이 되었다. 친구 따라 강남 간다고, 나도 덩달아 개척을 해야 되겠다는 계획을 가지고 지금은 고인이 되신 본동교회 담임이셨던 최 목사님을 찾아뵈었다. 그분은 삼양감리교회 출신이셨는데 당시에는 합동측 노회 서기일을 맡고 계셨다. 나는 최 목사님이 시무하시는 교회 부목사로 추천을 받아 목사 고시를 보고 목사 안수를 받게 되었지만 항상 내심에는 교역자가 되는 것에 대한 두려움과 떨림이 있었다. 내가 목사가 되면 내 인생은 어떻게 되나 하는 생각과 총각으로 재정집사일을 할 때 괴로움이 더하였으나 하나님의 선한 손에 이끌려 안수받는 날이 다가오고 있었다.

안수받는 날을 앞두고 내가 살던 구의동 뒷산 아차산에 올라갔다. 그 당시에는 통행금지가 있어 저녁에 산에 올라가면 새벽 4시에 통금 해제 사이렌이 울려야 내려올 수 있었다. 혼자서 산에 오르면 추위와 외로움과 두려움이 엄습해 와 견디기 힘든 때가 있었다. 목사로서 안수받는 날이 가까워지면서 나 자신과의 한판 전쟁이 치러졌다. 나는 많이 배우지 못했고, 사람들 앞에 가면 말도 잘 못하며, 경제적으로도 어렵고, 기도로 도와줄 배경도 없고 아무리 생각해 봐도 목회자의 자질도 없다고 생각되었기에 밤을 새워 기도하기 시작했다. "난 하나님의 종이라는 막중한 일을 감당할 수 없습니다."라고 바위 위에서 자백하고 도움을 청하는 기도를 드리며 부엉이처럼 울고 말았다.

밤은 점점 깊어 가며 저만치 바라보이는 가로등이 겨우 어둠을 밝히고 있을 때 홀로 벌판에 선 듯한 외로움과 장래에 대한 두려움으로 떨어야 했다.

"오, 하나님! 전 목사의 은사가 없습니다."라고 고백했지만 가슴 속 깊이에서는 하나님이 함께 하시면 무슨 일이든지 할 수 있다는 믿음이 꿈틀거리고 있었다.

어느 날 장래 문제와 안수받는 것을 위해 기도할 때 신비스러운 환상을 보았다. 큰 용광로의 쇳물처럼 금물이 흘러 나왔다. 영문을 알지 못해 당황하고 있는데 하나의 보좌가 만들어지더니 금으로 만든 그 자리에 참여하는 환상을 연이어 보게 되었다. 이 환상을 본 후 주의 종이 되는 것은 인간에 의해 이루어지는 것이 아니라 전능자의 능력에 있음을 믿게 되었다. 그후 목회자가 되기로 한 나 자신이 자랑스러웠고 사람의 평가나 교단을 초월한 마음이 싹트게 되었다.

목회자로 몸을 드린 후 지금까지 목회자가 된 것을 후회한 일이 없다. 환상을 보기 전에는 수없이 갈등을 했으나 하나님이 은혜로 주신 믿음을 가진 후에는 매우 확신에 차있었다. '내게 다시 젊음을 돌려준다면 신학을 해서 진실한 목사가 될 것이다.' 라는 마음으로 하나님의 백성을 돌보려고 뜻을 정하고 지내고 있다.

성경은 표적을 보고 믿는 것보다 순수하게 성경을 믿는 자가 더욱 복 있는 사람이라고 했는데, 나는 미련하고 강퍅해서 초자연적인 방법으로 믿음의 확신을 가지게 하셨다는 생각이 든다.

성경의 신비를 부인하는 사람도 혹 있으나 하나님은 지금도 필요한 사람에게 자신의 뜻을 알게 하시고 성경 말씀을 통하여 역사하시고 그 말씀을 믿음으로 능력 있는 삶을 살게 하신다고 믿는다. 나의 신앙생활의 기준과 인도는 완성된 계시인 성경이다. 이젠 경험이나 꿈, 환상에 너무 비중을 두고 끌려 다니지 않는다. 그러나 부인하는 것도 아니다. 지금도 하나님은 개인에게 하나님의 방법으로 자신을 계시하며 믿음의 확신을 주시기 때문이다.

가을바람이 불어와 낙엽들이 몸 둘 바를 모르고 이 골목 저 골목으로 굴러다니고 있을 때 복음 전하며 바르게 살리라 다짐한 나는 하나님의 인도하심으로 시흥군 남면 읍소재지(현 군포시)에 오게 되었다. 눈을 감으면 될 것 같고 눈을 뜨면 불가능해 보였지만 환경과 이성을 초월한 결단으로 1978년 10월 15일 오후 2시, 당리 122번지 아카시아나무 숲 속 공터에 천막을 치고 창립예배를 드렸다.

강단은 철제 책상으로 대신하고 가마니를 바닥에 깔아 방석을 삼았으며 십자가는 천막 입구 땅에 세우고 교회 간판은 아카시아 나무에 달았는데, 천막은 제일 싼 것이라 비가 오면 물이 새고 바람 부는 날이면 핀이 빠져 천막이 넘어질까봐 만삭이 된 아내와 비를 맞으며 붙들어야만 했다. 잠시만 천막을 비워도 개구쟁이들이 들어와 장난하고, 고양이와 개가 들어와 오줌, 똥을 싸서 때로는 신세타령도 하고 밤이 늦도록 눈물 흘리다가 주님의 고통을 생각하면서 위로받기도 했다. 또 동리 개구쟁이들이 감귤이나 고구마 하나를 주고 가기도 했다. 그때 우리는 엘리야에게 떡과 고기를 먹이신 하나님의 사랑을 체험했다. 지금도 그때 먹던 고구마와 귤의 맛은 천국에서나 맛보지 않을까 생각된다.

하루는 서울에 다녀왔더니 누군가 천막 입구에 세워 놓은 십자가를 뽑아 부러뜨려 놓았다. 부러진 십자가를 줍던 중에 하나님께서 이곳에 십자가를 다시 세워야 되겠다는 각오를 할 수 있도록 힘을 주셨다. 때는 초겨울 문턱이라 아침저녁으로 매우 쌀쌀했다. 그러나 그것이 불붙는 기도의 열심을 막지는 못했다. 천막교회에서 철야하며 4시 30분이 되면 성도 없는 교회에서 혼자 찬송과 기도와 설교를 했다.

어느 날 새벽 나의 설교하는 소리를 듣고 해산할 날을 며칠 앞둔 아내가 성도들이 나올 줄 알고 와서 천막 안을 보니 아무도 없는데 혼자서 설교하는 모습을 보고 너무나 우스워서 서로 보고 배꼽이 빠져라 웃기도 했으나 지나고 보니 이 모든 것이 하나님의 은혜였다. 대부분의 천막이 그러하듯이 방음이 되지 않으므로 동네 사람의 핍박이 매우 심하여 새벽 예배 시간에는 큰 소리로 찬송도 못했다. 그러나 그 핍박 가운데서도 하나님은 역사하셔서 새벽 예배 때 목사의 설교 소리를 듣고 새벽잠이 깬 세 청년 이순선, 이순옥, 박연옥이 등록했으며, 그 청년들이 교회의 기둥이 되었다. 태어나서 한 번도 와 보지 않은 군포에 와서 개척을 하는데 아는 사람도 없던 나는 아내와 청년들과 함께 최선을 다해 전도했다.

몹시 추운 어느 날 서울에 있는 최 집사님에게 돈을 빌려서 전기방석을 구입했다. 즐거운 마음으로 천막교회에 가서 코드를 꽂아 놓고서 저녁 식사를 하고 오니 누군가가 가지고 간 것이 아닌가. 나는 밤을 새워 하나님께 회개 기도를 했다.

목사는 주님이 자기에게 주신 십자가를 생각하면서 인내해야 하며, 연단시키실 때는 기쁨으로 받아야지 인간적인 생각과 수단으로 편히 지내려 하는 것은 하나님의 뜻에 어긋남을 깨닫게 되어, 그후부터는 주님께서 주시는 대로 먹고 어려운 환경을 이길 수 있는 능력을 달라고 기도했다. 식량이 떨어져 허기진 배로 전도하러 나가면 사람들이 둘 셋으로 보일 때도 있었고, 앉았다 일어서면 현기증이 나서 앞이 보이지 않는 고통을 겪기도 했으나, 그것도 잠시뿐 연단 후에는 하나님께서 일용할 양식을 늘 보장하셨다.

비바람 부는 11월 초순경, 천막에 핀이 빠져 날아가려고 했을 때 만삭이 된 아내와 함께 불편 없이 예배드릴 수 있도록 해달라고 울부짖으며 간곡히 기도를 드렸다. 동리 사람들은 신자나 불신자나 관계없이 우리 부부를 미친 사람으로밖에는 보지 않았지만 하나님은 어린 종의 기도를 외면하지 않고 응답하셨다.

며칠 뒤, 아내는 해산을 했고 결국 천막교회는 주민들의 진정으로 철거당하여 예배 처소를 잃어버리게 되었으나 성도를 얻어 외롭지 않았다.

가정
교회

동네 주민들의 진정과 반발로 철거반에 의해 강제 철거가 집행되었다. 천막교회가 철거되고 나니 생각지도 않았던 최 집사님이 미장원 판 돈 일백만 원을 이자 없이 빌려주어 122번지 소재 신축 건물에 방 둘을 얻어 이사하면서 하나님의 놀라우신 은혜와 축복에 감사드렸다. 그때 나는 방에서 예배를 드려야 되겠다고 생각하고 하나님이 예비해 주신 집으로 들어갔다. 큰 방은 예배 처소로, 작은 방은 주거용으로 사용했다. 천막에서 얻은 성도들과 해산한 아내와 함께 하루하루 신앙을 키워 가며 군포는 나의 교구라는 꿈을 가지고 성경연구, 기도, 전도를 하며 세월 가는 줄 몰랐다.

어느 날 사용하던 자가수도에서 물이 나오지 않았다. 양복에 넥타이를 맨 목사가 동네 주민에게 사정사정해서 우물물을 한 양동이 퍼놓았더니 주인이 보고서 호통을 쳐서 물을 다시 우물에 쏟아 버리고 나왔다. 그때의 수치심과 서러움에 다시는 물을 길러 갈 용기가 나지 않았다.

군포에 오기 전에 갓 퇴원한 아내와 함께 삼각산에서 40일간 기도할 때 그곳에서 보았던 김은희 청년을 만났다. 청년은 우리와 함께 집으로 와서 기거하며 교회뿐 아니라 가정의 일도 시중들며 어려운 문제도 척척 해결해 나가는 동역자가 되었다. 유복한 가정에서 어려움 없이 자란 청년인데도 하나님의 은혜로 물지게도 지고 피곤에 지친 아내의 일도 도왔다. 그 무렵 젊은 두 사람이 우리와 같이 동거하게 되어 교회 방에서는 나와 남 청년이 지냈고, 여 청년은 아내와 같이 지내게 되었다. 생활하는 것은 어려웠으나 두 젊은이가 교사로 일하므로 주일학교는 어려움이 없었다.

식량이 없는 날이면 아내는 아프다고 하며 일부러 늦게 일어나 밥을 짓지 않았는데, 차마 쌀이 떨어졌다는 말을 할 수 없었던 것이다. 그런 날에는 눈치껏 각자 있는 돈으로 사서 먹고 출근을 하곤 하였다. 혹시라도 목사가 돈 때문에 염려하는 것을 보고 시험에 들까 하여 몹시 조심스러워했다.

어느 날 산상 기도를 며칠 갔다 왔더니, 먹을 것이 없어서 라면 하나로 하루 세 끼를 때운 나머지 얼굴이 퉁퉁 부어 있는 아내의 모습을 보고 몹시 마음이 아팠다. 그렇게 하나님의 위로와 연단이 계속되는 동안 우리의 중심이 하나님께 상달되었다. 청년들과 장년들의 수가 불어나 30명의 성도가 모이게 되자 먹는 문제가 해결되어 갔다. 그럴 즈음 돈을 차용해 준 분이 돈이 필요하다며 갚으라는 연락이 왔다. 전세금을 받아 빚을 갚고 나면 우리에게는 아무것도 남는 돈이 없었다. 온 성도가 교회 건물을 얻을 수 있도록 합심하여 물질을 구했다. 결국 그 집은 팔리게 되었으나 이사 나갈 곳이 없었다. 가정은 월세로 방 하나 얻으면 된다고 하지만 하나님을 예배할 처소는 어디로 이전해야 할지 몰라 밤낮으로 기도했다.

하나님의 교회는 하나님이 하신다는 감동이 온 성도에게 임함으로 모두 최선을 다하고 기쁨으로 전도했다. "믿음은 바라는 것들의 실상이요 보지 못하는 것들의 증거니"(히11:1)라는 말씀을 그대로 믿고 기도하고 있을 때, 군포 사거리에서 남성기업을 경영하는 신유성 씨가 뇌암으로 37병이나 수혈하며 대수술을 하던 중 주님을 만난 후 하나님의 능력으로 살아나게 되었다. 그것이 너무 감사해서 감람산 기도원에 참석했더니 군포에 가면 능력 있는 목사가 있으니 가서 기도를 요청해 보라고 하셨단다. 그때 온 성도가 그 분을 위하여 간절히 기도했다. 하나님이 성도에게 은혜를 입히셔서 공장을 정리한 십일조 150만 원을 본 교회에 연보하게 하는 역사가 일어났다. 이 일로 교회 건물을 알아보러 다닐 수 있게 되었고 '아! 이것이 하나님의 역사구나.' 하고 깨달았다. 그 당시만 하더라도 면소재지인 군포에는 교회를 할 만한 건물이 없어 여기저기 수소문하여 알아보아야 했다.

예배 처소를 위하여 아침부터 저녁까지 여기저기를 다녀 보았으나 마땅한 곳을 찾지 못했다. 그러던 어느 날 가정 교회로 찾아오신 할아버지 한 분과 한나절 동안 여러 가지 대화를 나누었다. 그분은 천막 칠 때 땅을 제공하신 분으로 신앙은 없지만 개인적으로 매우 가까운 분이었다. 그분이 말씀하시기를 지금 집에서 건축하다가 돈이 부족하여 2층 공사가 중단되었으니 2층을 예배드릴 수 있도록 해주겠다고 하여 16평짜리 가정집 2층을 250만 원을 주고 들어갔다. 문제는 예배처소를 구하는 데 돈을 다 써서 사택이 없는 것이었다.

그런데 또 하나님의 축복으로 보증금 없이 월세 2만 원에 세모난 방을 얻을 수 있게 되었다. 슬레트에 구멍이 나 하늘이 보이고 비가 오면 물이 새서 방 여기저기에 그릇을 놓고 살아야 했다. 부엌에만 들어가면 울어대는 어린 아기를 달래며 잠 잘 때까지

기다리는 아내에게 너무 미안해서 몇 마디 했던 말이 기억난다.

"여보, 3개월 후에 꼭 이사 갑시다!"라고 위로하며 옮기기 위하여 기도하고 노력했으나 하나님의 허락이 없어서 그 집에서 1년을 넘게 살았다. 그 집에서 생활하는 동안 어떤 교회 집사님은 목사도 돈이 있어야 하나님의 영광을 가리지 않는다는 말을 하기도 했고, 또 어떤 분은 "이곳이 사택 맞습니까?"라고 비아냥거려 비애를 느끼기도 하였다. 또 길 가다가 용변을 보고 싶은 사람들이 부엌을 화장실로 착각해 문을 열기도 하여 부엌에서 식사 준비하던 아내가 놀란 것이 한두 번이 아니었다.

좀더 나은 집으로 이전할 궁리를 하다가 하루는 '주님은 어떤 곳에서 나셨는가, 어떤 집에서 사셨는가, 무엇을 하셨는가.' 라고 자문자답하다 보니 그동안 좋은 집을 달라며 기도한 자신이 너무 부끄러웠다. 그후로는 빈곤 가운데서도 감사할 줄 알게 되었다.

사택을 옮기며

몇십 년 만에 찾아온 가마솥 더위라고 매스컴에서도 아우성이다. 뜨거운 하늘 아래 모든 동식물은 더위에 지쳐서 허덕이고, 교사들은 여름성경학교 준비에 여념이 없는데, 그런 중에도 우리 가족은 교회당에 붙어 있던 방을 떠나 10년 만에 새 집으로 이사하게 되어 정말 분주한 7월이었다. 성도들이 뜻을 모아 교회에서 은급비를 대부하고, 충성된 집사들이 형편껏 정성을 모아서 새집을 마련해 준 것이다. '이 집은 목사님 개인의 것이므로 은퇴 후에도 사실 수 있다'는 성도들의 결정에 마음 깊숙한 곳에서부터 감사드리며, 이를 허락하신 하나님께 영광을 돌린다.

이삿짐이 나오자마자 우리 가족이 10년 동안 살던 방들이 무너지는 것을 보고 있으니 가슴이 뭉클해지면서 금세 눈시울이 뜨거워졌다. 비록 어렵고 힘든 환경에서 고생은 했지만 기쁨도 많았는데…….

　모든 것이 한 순간인 듯 싶고 하나님의 은혜가 아니면 어떻게 그 날들을 지나올 수 있었을까 생각하니 그 은혜가 감사하여 자꾸만 눈시울이 뜨거워졌다.

　막상 이사하고 보니 신혼 때부터 있었던 거라고는 책 몇 권과 아내가 시집올 때 장모님이 해 준 요강뿐이었다. 너무 오래되고 작아서 새 집에 맞지 않는다고 여러 제직들이 새 옷장, 침대, 책장, 책상, 식탁, 심지어는 에어컨과 소파, 어항까지 하나씩 준비해 주어서 부잣집이 돼버렸다. 이런 생활환경이 되고 보니 가난하게 살아가는 교인을 보면 왠지 더 마음이 쓰여 전처럼 편안하기만 하진 않았다. 또 가정의 분위기도 달라져 아이들에게 공부방을 줄 수 없었을 때는 TV 앞에 있어도 환경 탓이려니 하던 것이 이제는 그런 관용이 없어져서 자꾸만 나무라게 되었다. 이사하기 전처럼 자겠다고 3형제가 서재로 몰려들어 함께 어울려 있는 것을 보니 습관이란 하루아침에 달라지는 것이 아니라는 옛 어른의 말씀이 실감났다.

　행복이란 좋은 환경에 있는 것은 아니지 싶다. 범사에 감사하고 만족하며 자족할 때 비로소 행복을 맛볼 수 있는 것 같다.

　교회당에 사택이 붙어 있을 땐 늘 성전 안에서 생활하고, 성도들과도 자주 만날 수 있어 친밀감이 더해지기도 하고, 또한 가까이에서 성도들을 챙기다 보니 존경과 사랑을 더 받게 되는 것 같아 좋았다. 그렇지만 언제나 분주해서 조용히 지낼 수 있는 시간이 없고 아내의 건강과 자녀들의 공부에도 지장이 있는 것 같고, 나 자신도 환경에 떠밀려 기도와 말씀 준비하는 일이 뒤로 밀릴 때도 있었다. 그런데 때를 따라 단비를 주시는 하나님이 나의 이런 염려들을 아셨는지 가장 적절한 시기에 필요를 채워주신 것이다.

이사한 후 일주일 동안은 충분히 잠을 잤다. 평안히 휴식을 하고 나니 생각이 맑아지고 새벽예배 시간을 지키는 데도 어렵지 않았으며 기도하고 말씀 준비하는데 전보다 편안하였다. 말씀 전하고 기도하는 일에 전념할 수 있도록 편안한 환경을 만들어 주려고 노력하는 성도들의 사랑이 참으로 고마웠다.

성도들에게 사랑받고 대접받는 것을 당연히 여기고, 잘나서 대접 받는 줄 아는 그런 지도자가 되지는 말아야겠다. 피땀 흘려 번 돈으로 내게 좋은 환경을 만들어 주려고 애쓴 성도들의 사랑은 나 때문이 아니라 예수님 때문일 것이다. 부족한 나를 주의 종으로 보았기 때문일 것이다.

신약을 보면 주님이 타신 어린 나귀 앞에 사람들이 겉옷을 벗어 깔았던 것처럼 부족하고 연약하지만 주님의 종이기에 이렇게 넘치는 은혜를 입게 하는 것 같다. 구약에도 수넴 여인의 주밀한 보살핌을 받은 엘리사가 육체의 평안 속에서 수넴 여인의 가정에 필요한 것이 무엇인가, 하나님이 이 가정에 꼭 축복 주셔야 될 것이 무엇인가를 생각했다고 하지 않던가. 엘리사가 종을 통해 알아보니 수넴 여인은 아들이 없었다. 엘리사가 그녀에게 아들을 얻게 되리라고 했을 때, 믿을 수 없어 했지만 그들의 행위로 복을 받아 뜻밖의 큰 기쁨을 얻게 되었다. 하나님은 소자에게 냉수 한 그릇 대접한 것도 꼭 기억해 주신다는 것을 믿으며 하나님의 은혜와 축복이 있기를 기도한다.

꿈의
교훈

너무 이상한 꿈을 꾸었다. 내가 한 마리의 예쁜 새를 붙들고 있었는데 그 새는 자신을 놓아주기를 원했다. 그래서 새장에 넣었더니 그 새장을 벗어나고 싶어 몸부림을 치는 것이다. 그 꿈은 여러 차례 계속되었고, 마침내 새의 소원대로 그 새를 날아가도록 해 주었다. 그러자 그 새는 기쁨으로 내 주위를 맴돌더니 날아가지 않고 오히려 나의 품으로 돌아왔다. 사랑의 보호를 부담으로 여겨 창공을 날아 보았으나 생명의 위협만을 느껴서 그 새는 다시 내 곁으로 돌아온 듯했다.

그 꿈을 꾼 후 매우 중요한 결단을 내렸다. 구원받은 성도나 자녀가 사랑에 부담을 느끼게 되어 스스로 한 번쯤 마음대로 날아 보기를 원한다면 주님의 품인 교회에 속하는 것이 유익하다는 것을 알게 될 때까지 날려 보내기로 한 것이다.

주님의 일은 생명운동이다. 그러므로 아주 귀하고 아름다운 일이며, 젊은이나 늙은 사람이나 모두 주님의 일을 하는 것은 최고의 영광이요 축복이다. 그러나 이 영광과 축복을 알지 못하는 사람들은 세상의 방법으로 살기를 원한다.

상담을 하기 위해 찾아온 대부분의 사람들은 주의 일이 힘들고 체질에 맞지 않는다거나, 가정의 형편을 말하며 세속적인 직장을 갖게 되길 원한다. 과거 같으면 고집스럽게 붙잡고 설득하려고 노력했겠지만 이젠 방법을 바꾸었다. 다만 왜 주의 일을 해야 되는가를 설명하고, 성령님의 인도하심을 위하여 기도한 후 자기 스스로 결정하도록 한다.

성경 민수기를 보면 발람과 하나님의 대화가 있다. 발람이 모압의 왕 발락의 청으로 여리고 맞은편에 진을 친 이스라엘 자손을 저주하러 가고자 할 때 여호와 하나님은 그것을 허락지 않으시며 처음에는 가지 말라고 했으나 다시 청해오자 발람의 의지대로 하도록 버려두고 환경으로 그것을 막으셨다.

옛날에는 나도 주의 일을 하면서도 세상에서 누리고 사는 것이 좋아서 사업에 관심을 가진 일이 있었다. 주의 일을 해야 될 전도사 시절에 돈에 관심을 가지며 가난과 질병의 포로가 되어 삼각산에서 피눈물 나는 40일간의 회개기도의 기간을 보냈다. 아마 그때의 그 체험이 없었더라면 목회를 하면서도 물질을 떠나지 못했을지도 모른다. 그 당시 누가 나에게 강권을 써서 환난의 길로 가는 것을 막아 주었다면 지금쯤 감사하고 있을까? 아니면 원망하고 있지나 않을까? 혹 모를 일이다. 그때 누가 막지 않았다면 '지금쯤 부자가 되었을 텐데.' 하고 그때 나를 도와준 사람을 내 인생의 걸림돌쯤으로 생각하게 됐을지도 모른다.

그러고 보면 상대의 동의 없이 직권으로 순종을 강요하는 것은 두 사람 모두에게 유익이 없다는 생각이 든다. 나의 직권으로 순종시켜 잘못된 길로 가지 않도록 한다는 것은 그 사람의 장래를 생각하면 이상적인 것이 아닐 수도 있다. 그래서 전도사가 세상의 직업을 가져야 되겠다고 할 때 알아서 하라고 대답했다. 충성해야 할 자가 올해는 쉬겠다고 할 때 하나님이 그 일을 아실 것을 믿고 본인이 바른 선택을 하게 하는 진리를 가르친 후 결단은 본인이 하도록 하는 겸비성을 갖게 되었다.

그 이상한 꿈은 새장에 살아야 될 잉꼬새가 제비와 참새들이 사는 세상을 선택하는 어리석음과 과잉 사랑으로 현실을 바로 보지 못하게 하는 보호자, 모두 얼마나 불행한가를 깨닫게 했다. 이젠 새장의 새처럼 보호받으며 살아야 될 새라도 그가 원하면 날게 해 보자고 마음먹었다. 넓은 하늘에는 매서운 독수리들이 너무 많아 근심이 앞서기는 하지만 선택권은 새에게 주어보리라.

누가복음 15장에 기록된 탕자의 비유를 보자. 탕자가 집을 나가겠다고 자신의 분깃을 나누어 달라고 할 때 그의 뜻대로 재산을 주어서 떠나도록 한 아버지의 마음과 형편없이 몰락하여 돌아오는 아들의 모습은 우리에게 바른 선택의 중요성을 깨우쳐 준다. 아버지는 고생할 줄을 몰라서 둘째아들에게 속한 분깃을 주어 세상으로 보냈을까? 아버지의 품과 세상의 각박함을 모두 깨달은 후 인간답게 분수를 지키며 살기를 원한 것이 아닐까?

'새들아, 너 자신을 깨달아라. 너는 세상을 이길 수 없다. 양들이 우리를 벗어나면 살 수 없음같이 하나님의 백성도 진리의 말씀을 떠나면 큰 환난을 만나게 된다. 목자의 품안에는 항상 안전함뿐이다. 주인이 만들어 놓은 새장이 너의 영원한 집이다.'

개척하는
교 역 자
에게

교회의 세우심과 부흥케 하심은 오직 하나님께서 하심을 믿는다. 질적 성장과 양적 부흥 모두 기도와 고난 없이 되는 법이 없음을 또한 믿는다. 개척교회 때를 교회의 유아기라고 할 수 있다. 설립 3년이 되면 목회자의 실력과 본성, 그리고 생활이 성도들에게 알려지고, 성도들 역시도 본성이 드러나기 시작한다. 목사가 천사와 같은 말을 해도 생활이 뒷받침해 주지 않으면 성도들에게 아무런 영향을 미칠 수 없게 된다. 개척한 교회가 성장하다가 흩어지는 것은 3~5년 사이가 가장 많다. 2~3년이 지나면 마음이 통하는 사람 한두 명이 생기고 성실한 목회를 하면 계속 성장케 해 주신다.

개척에 실패하는 원인 중 목회자의 가정문제도 상당 부분을 차지한다. 목회자가 개척을 시작하는 시기의 대부분은 30대 전후반이다. 그때는 결혼해서 얼마 되지 않은 시기이다. 자녀가 아직 어린 시기이기 때문에 심방과 상담에 함께 동참하지 못해 일어나는 오해도 많다. 때문에 부부가 믿음으로 결합되고 서로의 인격을 믿고 특별한 사랑을 유지시키지 못한다면 어려움을 극복하기가 쉽지 않을 것이다.

내가 처음 개척하던 때는, 성도 중에 나이 드신 분이나 남자 성도가 없었고 얼마 동안 젊은 여 집사들과 심방을 동행해야만 했었다. 그때 새신자 중에는 여 집사에게 "사모님, 안녕하세요?" 하고 인사를 하는 사람도 있었다. 동행했던 집사는 아주 난처해 하였고 나 역시도 난감했으나, "우리 집사람이 해산해서 동행하지 못했습니다. 이분은 구역장입니다."라고 정중하게 대답하며 웃어넘기곤 했다. 그래서 생각 끝에 두 명 이상이 동행함으로 특별한 오해의 요소를 만들지 않도록 노력했다. 또 나이가 많은 권사님 댁에 혼자서 심방을 가는 일을 그다지 어렵게 생각하지 않는 경향이 있는데 그것은 잘못된 생각이 아닌가 싶다. 부모님처럼 생각하고 흉허물 없이 대하기도 하는데, 그것이 잘못하면 치명적인 상처가 될 수도 있기 때문이다.

짧은 목회기간 동안이었지만 직접 또는 간접적으로 오는 상처는 부모님 연령의 분들로부터였다. 그분들은 몇 세대를 거쳐 몸에 배어 있던 유교적 사고방식 때문에 불순종까지 용서하고 숨겨주고 덮어주는 것을 미덕이라고 생각한다. 예를 들면 믿음 없어도 집사 시켜서 교회 잘 나오게 하자고도 하고, 무조건 목사가 이해하고 용서하고 넘어가야 한다고 생각하는 것이다. 그렇지만 그것은 교회의 공의성과 거룩성을 무시하는 행동이다. 성도는 양이지 부모나 형제가 될 수 없음을 알고 성직의 위대성을 목회자 자신이 바르게 깨달아야 한다.

가끔은 단둘이서 상담하기를 희망하는 여성들도 있다. 그러나 단둘이 있는 것은 서로 간에 유익이 없고 오해의 소지가 있기 때문에 피하는 것이 좋다. 본인이 눈치 채지 못하도록 현명한 방법으로 두 명 이상의 분위기를 만들어야 한다.

심방에 사모가 동행하지 않을 때는 가급적 식사 대접을 받지 않고, 필요한 말 이외에는 사담을 금하며 함께 식사할 일이 있으면 장소를 집으로 정해서 항상 사모가 동석하도록 노력했다. 그렇게 하다 보니 심방대원 모두가 사모가 동행하기를 바라게 되었고, 사모 역시 꼭 동행하겠다는 의지가 생기가 되어 지금은 모든 심방에 사모가 함께 하게 되었다.

심방이 목회에 상당한 부분을 차지한다는 것을 아무도 부인하지 못한다. 개척교회를 찾는 이의 대부분이 가족적인 분위기를 원하고 목회자에게 관심을 받고 싶어하기 때문이다. 어떤 사람은 평생 개척교인으로 지내기도 한다. 교인이 50명, 100명쯤으로 성장하게 되면 소외감을 느끼고 다른 개척교회를 찾아 떠나기도 하고, 아니면 그 자리에 그대로 앉아서 옛날이 좋았노라고 그리워한다. 교회가 커져서 목사가 시간에 쫓기는 것을 이해하지 못하고 심방이 줄었다고, 사랑이 줄었다고 불평하면서 가시로 바뀌는 사람도 있다. 그뿐인가? 교회 부흥과 성장 모두를 자기의 공로로 돌리며 자신이 예수님이나 되는 듯이 목사를 키웠다고 주장하는 사람도 생겨난다.

하지만 이들 모두 목사에게는 귀한 사람인 것을 알아야 한다. 행여나 속썩인다고 마음속으로 나갔으면 하고 바라거나 혹은 나가라고 하는 표현을 하는 것은 절대 금물이다. 그래도 그 사람들이 새로운 사람들보다는 훨씬 믿을 수 있는 사람이기 때문이다.

성도와 목사의 관계는 미운정, 고운정이 들면 은혜가 된다. 그러나 한 가지 조심해야 될 것은 개척교회 때부터 있던 분들이 목회자와 같이 크지 않으면 자연 도태될 수밖에 없다. 이유는 간단하다. 그가 목회자를 크게 보지 않으므로 함부로 대하게 되니 나중에는 성도들에게 외면을 당할 수밖에 없다. 목회자는 오래된 성도들을 사랑으로 키워가고, 또 그 성도들은 목회자가 성장하는 것만큼 귀하게 여기고 존경해야 함께 생활할 수 있다는 것을 알게 해야 한다.

성도 중에는 사모에 대하여 많은 관심을 가지고 간섭하기를 원하는 사람들도 있을 것이다. 그때마다 그것을 용납해서는 안 된다. 혹 사모가 잘못했다면 목사에게 보고하여 다시는 실수를 반복하지 않도록 하는 것은 좋은 일일 수도 있지만 대부분은 별 것 아닌 것 가지고 사사건건 문제를 삼는 경우가 허다하기 때문이다.

대부분의 개척교회 목회자는 사모에게서 문제를 찾으려고 하고, 사모에게만 참으라고 한다. 심지어는 "사모를 용서하라, 사모도 사람이다." 하면서 사모를 비방하는 이들의 입장을 이해하려 할 때도 있다. 물론 충분히 이해는 간다. 개척교회를 하다 보면 한 사람이 얼마나 귀한가, 그 귀함 때문에 아픔을 참는 것일 게다.

이런 문제에 대하여 냉철해야 한다고 생각한다. 사모에게 실수가 있으면 목사에게 알려만 줄 것이지, 자기들이 이러쿵저러쿵할 이유가 없다. 사모는 목사의 아내이다. 목사에게 있어 아내는 상당히 중요한 사람임을 인식해야 한다.

바울은 에베소 교회 교인들에게 아내와 남편을 그리스도와 교회로 비유하여 사랑을 강조했다.

"자기 앞에 영광스러운 교회로 세우사 티나 주름 잡힌 것이나 이런 것들이 없이 거룩하고 흠이 없게 하려 하심이니라 이와 같이 남편들도 자기 아내 사랑하기를 제 몸같이 할지니 자기 아내를 사랑하는 자는 자기를 사랑하는 것이라 누구든지 언제든지 제 육체를 미워하지 않고 오직 양육하여 보호하기를 그리스도께서 교회를 보양함과 같이 하나니 우리는 그 몸의 지체임이니라 이러므로 사람이 부모를 떠나 그 아내와 합하여 그 둘이 한 육체가 될지니 이 비밀이 크도다 내가 그리스도와 교회에 대하여 말하노라 그러나 너희도 각각 자기의 아내 사랑하기를 자기 같이 하고 아내도 그 남편을 경외하라"(엡5:27-33).

사모는 성도이면서 동시에 목회자의 지체요 동역자임을 기억해야 한다. 성도와는 단절이 가능하지만 부부간에는 단절이 가능하지 않다. 몸이 아픈 것과 외부의 환경으로 인한 고통을 비교해 보면 누구든지 그 차이를 알 수 있을 것이다.

교회의 담임자로서의 실패는 다른 환경을 만들어 떠나면 그만이다. 큰 교회를 담임하던 목사가 작은 교회로 가기도 하고, 또 교회를 개척하는 경우도 얼마든지 있을 수 있다. 그러나 가정목회의 실패는 어떠한가? 그렇게 되면 교회의 담임자로서의 실패보다 훨씬 더 어렵고 큰 고통이 온다는 것을 알아야 한다.

내가 아는 목회를 비유로 들어 보겠다. 한 가정은 신앙생활을 하던 중 어려움에 처하게 되었다. 그는 하나님의 뜻을 깨닫고 신학을 시작하여 목회자가 되어 지금 어느 시골에서 열심히 목회를 하고 있다. 또 한 가정의 목회자는 교회 건축 후 성도들의 외면으로 다른 교회에 가서 목회를 잘 하고 있는 가정도 있다.

그런데 다른 목회자 한 사람은 가정목회에 실패하고 시골목회 못하겠다고 도시로 왔다. 자녀들도 목회자인 아버지를 존경하지 않게 되었고 아내도 목회가 싫다고 하여 도시로 올라와 버리고 말아 농촌교회를 사임할 수밖에 없었던 것이다.

뒷바라지하는 아내가 목회 협력자가 되지 않으면 절대로 성공할 수 없다. 그러므로 아내가 성도들로 인하여 상처를 입지 않도록 귀히 여기고, 영광도 나누어주고 목회자의 아내 된 것을 감사하도록 하는 좋은 남편이 되어야 할 것이다. 아내가 문제가 없으면 얼마나 좋겠는가? 그러나 혹 문제가 있을 때는 목회자가 책임을 지고 보호해주고 감싸주지 않으면 자녀들까지 문제가 생기게 된다.

목회자가 아무리 성도에게 잘해주었다고 해도 목회자가 이혼을 했다면 존경하고 따르겠는가? 혹 섭섭하게 해도 솔직히 부족을 시인하고 모범적인 가정을 이루고 열심히 살 때 묵묵히 따라오게 될 것이다. 병으로 비유하자면, 가정의 문제가 암이라면 가정 외에서의 문제는 피부병에 지나지 않는다.

물론 목회자가 제일 중요하게 생각해야 되는 것은 첫 번째가 하나님 앞에서의 자기 관리이다. 그리고 두 번째는 가정목회와 교회목회인 것이다. 심령이 하나님의 말씀에 매이지 않으면 가정과 교회는 절대로 바로설 수 없음을 기억해야 한다. 우리가 살아가면서 모든 경험을 직접 하지 못하니 선배나 후배들, 그리고 책을 통한 간접 경험에 도움을 받아야 할 것이다.

교회는 고난이 많을수록 아름답게 된다. 고난은 '의' 때문에 오는 것을 의미한다. 고난이 와서 목회자가 성화되고 평안하게 될 때 교회가 부흥하고 성도가 복을 받는다. 목회자는 성화되고 그저 범사에 감사하는 방법밖에는 없다.

"가르침을 받는 자는 말씀을 가르치는 자와 모든 좋은 것을 함께 하라"(갈6:6).

하나님은 하나님의 사람을 꼭 보호해 주신다. 목회자가 얼굴을 그리스도에게로 향하고 진리에 붙잡히면 성도의 얼굴은 목회자를 향하고 그 말에 붙잡히게 된다. 목회자가 예수 그리스도를 영접하고 바르게 살면 하나님께 영광을 돌린다. 그와 반대로 목회자가 성도를 의식하고 바라보면 그들은 환경을 바라보며 핑계하기 시작한다.

"내가 이미 얻었다 함도 아니요 온전히 이루었다 함도 아니라 오직 내가 그리스도 예수께 잡힌 바 된 그것을 잡으려고 좇아가노라 형제들아 나는 아직 내가 잡은 줄로 여기지 아니하고 오직 한 일 즉 뒤에 있는 것은 잊어버리고 앞에 있는 것을 잡으려고 푯대를 향하여 그리스도 예수 안에서 하나님이 위에서 부르신 부름의 상을 위하여 좇아가노라"(빌3:12-14).

지금 우리는 무엇을 보고 있는가, 환경인가? 사람인가? 그것보다 푯대를 향하여 가야 한다. 그리고 바울처럼 이렇게 말할 수 있어야 한다.

"형제들아 너희는 함께 나를 본받으라 또 우리로 본을 삼은 것같이 그대로 행하는 자들을 보이라"(빌3:17).

"오직 선을 행함과 서로 나눠주기를 잊지 말라 이 같은 제사는 하나님이 기뻐하시느니라 너희를 인도하는 자들에게 순종하고 복종하라 저희는 너희 영혼을 위하여 경성하기를 자기가 회개할 자인 것같이 하느니라 저희로 하여금 즐거움으로 이것을 하게 하고 근심으로 하게 말라 그렇지 않으면 너희에게 유익이 없느니라"(히13:16-17).

"우리를 위하여 기도하라 우리가 모든 일에 선하게 행하려 하므로 우리에게 선한 양심이 있는 줄을 확신하노니 내가 더 속히 너희에게 돌아가기를 위하여 너희 기도함을 더욱 원하노라"(히13:18-19).

둘, 목회 속에 자라는 싹

환난 중에서도 주님과 동행하라

우리가 살고 있는 이 세계는 사단이 활동하는 곳이며 불완전하고 임시적인 곳이기 때문에 언제나 많은 변화가 일어나고 있다. 구원받은 성도도 육신을 가지고 있으므로 불신자들과 같은 환경의 지배 아래 있다. 그러나 영혼은 예수 그리스도 안에서 하나님의 나라에 속하여 진리 가운데 있다.

이런 현상을 이해하지 못하여 갈등하는 사람을 종종 본다. 성도가 병이 들면 벌을 받았다고 정죄하는 사람들이 있는가 하면, 열심히 연보도 하고 기도도 하는데 왜 고통을 당해야 하느냐며 신앙생활의 의미가 없다고 말하는 사람도 있다. 하나님의 숨겨진 더 큰 사랑을 알지 못하기 때문이다.

하나님은 택한 백성을 처참하게 만들지 않으신다. 혹 죽음에 직면했다고 해도 더 좋은 낙원이 예비되어 있으니 절망할 이유가 없다. 그리스도인에게 영원한 멸망은 없다.

성경 속에 마르다, 마리아, 나사로라는 3남매가 나온다. 마르다는 지극한 정성으로 주님을 대접한 사람이다. 마리아는 주님의 말씀을 좋아했고 자신이 가진 순전한 나드 한 옥합을 깨어서 주님께 부어 드리고 그의 머리털로 주님의 발을 닦아 드렸으며 주님도 매우 기뻐하시면서 이 여자의 행한 것을 기념하신다고 하셨다. 그러나 그 가정에도 고통이 찾아왔다. "이에 그 누이들이 예수께 사람을 보내어 가로되 주여 보시옵소서 사랑하는 자가 병들었나이다"(요11:3)라고 하니 예수님의 대답이 "이 병은 죽을병이 아니라 하나님의 영광을 위함이요 하나님의 아들로 이를 인하여 영광을 얻게 하려 함이라 하시더라"(요11:4)라고 되어 있다.

그러나 마르다와 마리아가 하나님의 계획을 알 수 있었을까? 아니다. 그 계획을 알지 못했다. 때로 하나님이 하시는 일은, 믿는 우리에게까지 숨겨져 당황할 때가 있다. 또 예수님을 믿으면 건강하고, 잘되고, 영광 받고, 고통도 없다는 기복 신앙에 감염되어, 십자가 지는 것조차도 외면하는 비성경적 삶이 올바른 삶이라고 착각하기도 한다.

또 마리아 가정이 요구하는 시간과 주님의 응답 시기도 달랐다. 그들은 주님이 속히 오셔서 오라비 나사로를 죽지 않게 해주시길 소원했지만 주님은 살 수 있다는 소망까지 끊어지기를 기다리셨던 것이다. 그렇게 기다리는 시간 동안 얼마나 원망하였겠는가. '주님이 오실 시간이 되었는데 왜 오시지 않을까?' 죽은 지 4일 만에 나타나심을 보고 '지금 와서 무엇을 하시겠다는 것일까?' 하며 속으로 비아냥거렸을지도 모를 일이다. 마리아와 마르다의 원망 섞인 소리를 들어보아도 주님을 얼마나 기다리고 있었는지 알 수 있다.

"마르다가 예수께 여짜오되 주께서 여기 계셨더면 내 오라비가 죽지 아니하였겠나이다"(요11:21).

예수님을 잘 믿는 가정에도 시련이 온다. 나도 많은 병에 시달렸다. 그리고 아내도 지금 심장병으로 고생하고 있다. 그리고 그 육신의 병은 더 큰 기쁨의 씨앗이 되었다. 병으로 인해 육신이 나약해지니 주님을 더욱 의지하게 되었고 욕심을 버리고 생명의 주인께 순종만 해야겠다는 일념을 가지게 되었다. 그뿐만이 아니다. 연약한 성도들을 위해 더욱 진실한 기도를 하게 되었고, 아픔을 이해하게 되었다. 그뿐인가. 그 육신으로 힘이 넘쳐 혈기 부릴 때마다 주님만 의지하며 사는 것이 더욱 행복하다는 생각을 자주 하게 된다.

지금도 하나님은 몸에 가시를 주어 매일매일 자신과 싸우는 선물을 내게 주셨다. 그러나 내 가슴에는 후손들에게 좋은 환경을 만들어 주고, 민족을 구원해야 한다는 꿈이 열화와 같이 타오르고 있다. 하나님을 의지하기 때문이다.

실패와 고통은 신앙을 키우기 위해 주시는 에너지이다. 함께 일어서자. 그리고 무엇보다도 먼저 영혼 구원을 위해 부르짖자. 현실에 충실한 것도 좋지만 예수님을 떠나면 허무만 남을 뿐이다. 예수님 안에 있으면 실패가 성공의 옷을 입게 된다는 것을 잊어버리지 말자. 나사로가 죽은 것처럼 보였지만 주님이 오시자 다시 살아나지 않았는가.

"예수께서 가라사대 내 말이 네가 믿으면 하나님의 영광을 보리라 하지 아니하였느냐 하신대"(요11:40).

어떤 환난이 닥쳐와도 주님을 모시면 그 환난은 곧 기쁨으로 변하게 될 것이다. 지금 낙심하면 실패는 실패로 끝나지만 주님 안에서 순종하면 축복의 주인공이 될 것이 분명하다.

"죽은 자가 수족을 베로 동인 채로 나오는데 그 얼굴은 수건에 싸였더라 예수께서 가라사대 풀어 놓아 다니게 하라 하시니라"(요11:44).

갈등과
위 로

95년 7월, 후덥지근하고 비 내리는 토요일 12시. 삼풍백화점 대형 참사 현장의 시체 발굴작업과 남아공화국 대통령 만델라의 방한과 정상회담을 알리는 뉴스가 TV와 신문에 집중 보도되었다. 복잡다단한 세상이라는 바다 위에 낙엽처럼 떠있는 보잘것없는 인생이란 생각이 나의 마음을 짓누르고 있다. 거대한 역사의 용광로 속에서 나는 한 방울의 물조차 될 수 없다는 절망이 밀려왔다. 진리를 안다고 하면서도 그것을 실천에 옮길 수 없는 연약함, 무엇 하나 온전한 것이 없으니 그동안의 삶 모두가 주님의 은혜였다.

매주일 모여드는 하나님의 백성들. 그들에게 난 좋은 목회자일까. 불완전하고 위선과 욕심의 뭉치인 나를, 믿음이 깊고 기도 많이 하는 좋은 목회자라고 보아주는 그 아름다운 눈들 앞에서 내 모습이 부끄럽지 않은가. 회개와 감사의 눈물이 볼을 적신다.

강철 같은 건강이 있던 시절은 준비하는 것으로 다 보내고, 이제 무엇인가 시작하려고 하니 건강과 시간이 부족하다. 침상을 의자 삼아 모로 누워 책과 씨름하면서 '결국 인생이란 늘 부족한 것인가 보다.'라고 스스로를 위로했다.

"주님! 로뎀나무 밑에서 죽기를 구하는 기도를 하면 안 되나요? 조용히 떠나 주님의 품 안에서 평안을 누리고 싶어요. 그렇지만 성전 건축을 위해 설계하고 있는데, 아내와 자녀, 그리고 한참 자라고 있는 성도들, 이 세상에서의 임무가 다 끝나지 않았지요? 저는 아직 안 되지요?"

새벽기도도 못하고 심방조차 가지 못하는 것이 정말 어렵고 힘들었다. 시험에 들지 않게 깨어 기도하라는 말씀을 알면서도 그것을 행하지 못하니 내 모습이 초라하기만 했다. 하지만 실망하지는 말자고 다짐했다. 주님이 계시니, 꼭 건강을 회복해서 주님이 주신 십자가 잘 지고 가게 될 것이라고 믿었다.

다른 토요일 같으면 에덴기도원에 있을테지만, 운전하는 것도 힘들고 해서 조용한 침실에서 신령한 예배와 기쁨의 만남을 준비했다. 나와의 싸움, 안일하려고 하는 육신의 생각을 이길 수 있도록 성령님께서 능력을 달라고 온몸을 맡겼다. 보리떡 같은 인생이지만 주님의 손에 들려지면 오병이어의 큰 축복을 받을 것으로 믿는다. 또 개울가에 버려진 조약돌도 능력의 사람 다윗의 손에 들려질 때, 하나님의 대적, 이스라엘의 대적 골리앗을 이길 수 있는 능력이 있었음을 의심 없이 믿는다. 이 생각은 나의 생각이 아니라 성령께서 주신 생각일 것이다. 노인인 모세를 쓰신 하나님께서 부족한 종을 세상 속에서 택한 백성 불러내어 양식 먹이는 도구로 사용해 주실 것이라는 믿음을 주셨다.

내가 잘하고 열심이어서 교회가 부흥되는 줄 알던 때도 있었다. 하지만 이젠 아니다. 내가 없어도 하나님의 일은 중단되지 않는다. 하나님은 언제나 누군가를 통해서 일하고 계시며 교만하면 결국 부끄러움을 당하게 된다는 것을 깨달았다. 그저 감사할 뿐이다. 구원받는 것이 노력이나 시험으로 되는 것이 아니니 은혜에 감사했다. 목사는 되고 싶어 되는 것도 아니고 그만두고 싶다고 그만둘 수도 없는 것이니 죽도록 충성할 뿐이다.

아무도 알아주지 않고 협조해 주지 않아도 사람이나 환경의 종이 아니니 실망할 것도 없다. 우리의 주님이신 예수님만 버리지 않으시면 핍박과 환난 중에도 찬양이 나의 호흡이 될 뿐이다. 확실히 믿어지기는 내가 하나님을 버리지 않는 한 하나님의 백성, 복 받을 사람들은 절대 버리지 않으실 것이요, 하나님께서 우리를 위하시면 누가 우리를 해할 것이며 하나님이 결정한 것이라면 누가 아니라 하겠는가.

주 안에서 오는 여러 가지 일들은 나의 인생을 복되게 하는 것이니 누군가 나를 대적하면 큰 그릇의 사람 만드시려는 사랑의 용광로로 알고 감사하고, 풀무불에 녹는 쇠는 녹아짐으로 형체를 잃어버리는 아픔과 고통이 있지만 불순물을 제거하고 새로운 것으로 만들어지는 큰 기쁨을 얻을 것이라는 소망으로 사랑 노래 부른다.

"내가 붙드는 나의 종, 내 마음에 기뻐하는 나의 택한 사람을 보라 내가 나의 신을 그에게 주었은즉 그가 이방에 공의를 베풀리라 그는 외치지 아니하며 목소리를 높이지 아니하며 그 소리로 거리에 들리게 아니하며 상한 갈대를 꺾지 아니하며 꺼져가는 등불을 끄지 아니하고 진리로 공의를 베풀 것이며 그는 쇠하지 아니하며 낙담하지 아니하고 세상의 공의를 세우기에 이르리니 섬들이 그 교훈을 앙망하리라"(사42:1-4).

사랑의 바다로

청산 양지 바른 곳
한 그루의 나무 되어
봄이 오는 것을 기다리며
겨울 추위 이기고
가을 열매 기대하며
무더위를 이겼네

나의 유한한 육체 벗고
저 푸른 창공을 나르는
새가 되고 싶구나

아무도 없는 곳에서
긴 잠 청하며
인생의 허무함을
골똘히 생각하며
사르르 눈감고
낙원으로 가고 싶구나

나의 무덤은 평토장
아는 듯 모르는 듯한
무명의 사람으로
조용히 떠나고 싶으나

님이 주신 영혼들
아름답고 귀하여
죄 없는 베개 안고
님의 이름 부르며
큰 소망 중에
위로와 기쁨 맛보고
두 주먹 불끈 쥐며
십자가 사랑의 바다로
조용히 내려앉는다.

사람을
키 워 야 지

행복이 무엇이냐고 물으면 사람들은 "자신이 하고 싶은 것을 하면서 사는 것이다."라고 한다. 또 "당신은 행복한가?"라는 질문에 "행복하다."라고 대답하는 사람은 많지 않다. 그런데 나는 목회하는 것이 제일 큰 행복이고 기쁨이라고 느끼면서 살고 있으니 매우 다행한 일이다.

그렇다고 번민이나 갈등이 전혀 없는 것은 아니다. 또한 세상 때문에 혹은 사람들에게 심한 상처를 받을 때도 있지만 하나님의 뜻대로 살려고 한 믿음의 조상들은 모두 핍박을 당했으니 어쩌면 나도 그 반열에 서 있는 것이라 생각하며 위로를 받는다. 이 생각은 긍휼이 풍성한 하나님이 성령으로 주신 마음인 것이 틀림없다.

지금도 하나님께 감사한 것은 돈보다 사람이 좋다는 것이다. 한번 만나면 헤어지기 싫고, 잘해 주고만 싶고, 믿고 싶고, 기쁨을 함께 나누고 싶다. 그러나 사람과 정을 주고받는 것은 어느 한 쪽의 일방적인 것으로 이루어질 수만은 없지 않은가. 또 사랑하는 방법을 알지 못하고 사랑하는 것은 무관심한 것보다 나쁘다는 것을 깨달을 때도 종종 있다.

3대가 한집에 같이 살고 있는 성도가 있었는데, 조모가 손자를 매우 사랑하여 돈을 달라는 대로 주고, 어리광을 받아주고, 며느리가 교육을 위해 자식을 때리면 차라리 자신을 때리라고 역성을 들어 항상 갈등을 겪었다.

개척 때 주일학교 학생이 지금은 청년이 되었는데, 그들의 모습에서 내 목회 방법을 검증해 보면 언제나 바르게 인도하지는 못했지 싶다. 그들 중에는 책망으로 성경을 가르친 덕에 나름대로 행복한 가정을 이룬 청년들도 있지만 인간적으로 도와주고 사랑해 주었는데도 교회에서뿐 아니라 가정생활에서도 복음적인 삶을 살지 못하는 모습을 볼 때도 있으니 말이다. 굳이 핑계를 대자면 불우한 가정 때문이라고 할 수도 있지만, 그러나 이차적인 책임은 목회자에게도 없지 않다.

목회자는 의사 되신 예수님의 말씀대로 성도들을 인도해야 한다. 영혼 사랑의 중심으로 말씀과 교훈의 칼인 진리로 상한 심령을 수술해야 하는데 성령의 인도함을 받지 못한다면 그 결과는 성도가 피해자가 된다.

"누구든지 나를 믿는 이 소자 중 하나를 실족케 하면 차라리 연자 맷돌을 그 목에 달리우고 깊은 바다에 빠뜨리우는 것이 나으니라"(마18:6).

필사의 각오로 자신과 후배와 온 성도를 훈련하여 하나님이 원하시는 교회로 키워가는 것이 나의 사명이라고 믿는다. 사람을 키우는 목회, 진리를 생활화하는 성도가 되게 하기 위한 목회를 해야 한다. 자칫 현실주의, 물량주의에 빠져 성도 개개인에 대한 관심을 가진다면 필경 후회하는 날이 올 것이다. 예수님께서는 3년 동안 아주 작은 무리인 12명의 제자와 함께 하셨고, 무리와 제자들에게 교훈도 대부분 다르게 했음을 성경에서 볼 수 있다. 주님이 십자가 지고 부활 승천하실 때에도 소수의 제자들에게 모습을 보이셨고, 그 제자들에게 복음을 전할 것을 명령하셨다.

"내가 너희에게 분부한 모든 것을 가르쳐 지키게 하라 볼지어다 내가 세상 끝날까지 너희와 항상 함께 있으리라 하시니라"(마28:20).

주님의 이 거룩한 삶의 모습과 목회방법을 잘 습득하여 요한 같은 참제자가 되고 또 제자들을 만들기 위해 기도하며 성령님의 역사를 온전히 기다린다.

비전을
함께 한 아내

천막교회를 시작하면서 큰 교회로 성장하리라는 비전이 있었고, 그래서 모진 고난과 가난의 설움, 사람들의 핍박을 이길 수 있었다. 이것은 나의 신념도 의지도 아닌 전적으로 하나님이 주신 마음이었다. 아무리 어려운 일을 당하여도 기도하고 나면 두 주먹이 불끈 쥐어지고 말씀을 보면 그대로 믿어지니 환경에 질 수 없는 것은 당연했다.

그러나 목회란 목사 혼자 하는 것은 결코 아니다. 가정도 마찬가지지만 개척교회는 앞서서 일하는 목사보다 뒤에서 묵묵히 참아주고 성도들을 위해 웃어줄 수 있는 내조자의 역할이 매우 중요한데, 아내는 그것을 잘해 주었다. 사람을 좋아해서 무작정 데려와 밥을 차려 오라고 하기 일쑤였던 때도 어려운 살림에도 얼굴 한번 찡그리지 않았다. 어떤 날은 방에 앉아 한참 이야기를 나누다가 밥을 차리는 기척이 없어 나가 보면 쌀이 없어 밥을 못

짓고 우두커니 앉아 있기도 했다. 지금 생각하면 어떻게 그럴 수 있었을까 싶지만 그래도 그때 그 열정의 열매가 오늘을 있게 한 것이 아닌가.

지난 세월의 추억들이 아름답기만 하다. 어떤 때는 지쳐서 쓰러졌던 적도 있다. 그토록 믿어왔던 성도가 갑자기 등을 돌리고 외면할 때면 사람이 싫어져 어디 목장에라도 가야겠다며 속을 끓이기도 했다.

한 성도가 다 죽어가는 아이를 데리고 왔을 때의 일이다. 병원에 갔는데도 차도가 없는 경기로 죽어가는 아이를 받아 안았다. 그 밤을 못 넘길 것 같은 생각이 들어 강단에 아이를 데리고 올라가서 열심히 기도를 하여도 마음에 평안함이 없어 기도의 방법을 바꾸었다. "아버지 이 아이의 병을 나에게 주시고 아이만은 고쳐주셔서 하나님 영광 받으세요."라고 눈물로 기도하니 아이는 잠이 들고 회복되기 시작했다. 그리고 나는 3일 동안 사경을 넘나드는 고통을 당했다. 그렇지만 아무도 위로해 주지 않았고, 영광을 하나님께 돌리지도 않아 몹시 충격을 받았다.

게다가 경제적인 어려움이 심각했고 목회자의 권위에 도전하는 사람까지 생기자 성도들이 싫어 골방으로 숨고 싶었다. 아무리 생각해도 남편으로서 아내에게 너무 고통을 주는 것 같아 아무도 모르는 곳에서 꿀장사라도 하여 행복하게 해 주겠다고 제안을 한 적도 있다. 그때 아내는 "목사님은 꼭 성공할 것이라고 믿고 있어요."라고 말했다.

그녀는 그 나름대로 목회 성공에 대한 확신이 있었던 것이다.

위기 속에 있던 나에게 미래의 확신에 찬 아내의 그 말 한 마디는 큰 힘이 되었다. 힘들고 고통스러운 사모의 위치지만 꿈이 있어 참고 견딜 수 있었던 것이다. "내 관심은 미래에 있다. 왜냐하면 나는 남은 여생을 미래에서 보낼 것이기 때문이다."라고 찰스 케터링(Charles Kettering)은 말했다. 앞으로 꼭 승리할 수 있을 것이라는 말을 들은 후에는 아내를 고생시킨다는 죄책감이 사라졌다. 더욱 열심히 공부했고, 현실에 지치지 않기 위해 산으로 올라가 기도하고 밤이슬을 맞으며 내려오는 것이 거의 생활이 되었다. 겨울바람이 세차게 불면 예비군들이 파놓은 토치카에서 군인 야전잠바로 온몸을 감싸고 기도했다.

오늘이 오기까지 곁길로 가지 않고 좌절하지 않았던 것은, 목표가 있었고 따스한 시선으로 나의 목회자 자질을 인정해 주는 동역자가 있었기 때문이다. 그리고 이 모든 것은 하나님의 선물이니 그저 감사할 따름이다.

당신

당신에게
남이 갖지 못한 향기가 있어

작은 것까지 챙겨 주며
연약한 것까지 보듬는 여자다운 면
밤하늘에 반짝이는 별들처럼…

어두운 골방
문 틈새로 파고드는 한 줄기의 빛같은
여자의 적당한 자존심

맘 상해 가슴 아파하며
핼쑥한 얼굴로 두통을 호소하는
섬세한 정서

당신의 깨끗한 맘에 담구어진 세월들
아름다운 추억 그리고 행복
당신과 나 하나 되어
공생과 공사의 운명 속에
한몸이 되었구나
행복은 환경의 소산이니
아! 님의 작품이여 마음의 소산이로구나.

사랑이라는 병

한 농부가 나무 한 짐을 지고 이마에 구슬 같은 땀을 흘리며 집으로 돌아오니 철부지 꼬마가 "아버지! 천천히 쉬어가면서 하세요. 다른 아버지들처럼요. 아버지는 꼭 바보 같아요."라고 말했다. 그러자 그 농부는 "난 병 들었단다. 무슨 병이냐 하면 가족을 사랑하는 병이란다."라고 대답했다.

"그런 병도 있어요?" "있고말고." 농부는 아들을 바라보며 하염없이 웃었다고 한다.

목회를 하면서 가끔 비슷한 질문을 받을 때가 있다.

"적당히 하십시오. 여러 번 예배드리고, 주보에 원고 내고, 게다가 글까지 쓰면서 그렇게 힘들게 할 필요가 있습니까?"

"이젠 좀 천천히 하세요. 한 끼에 밥 두 그릇 먹는 것 아니잖아요?" 남의 말을 할 때는 언제나 이렇듯 아주 용기가 있는 법이다. 그러나 실제로 목회를 해 보면 생각처럼 적당히 할 수 없다는 것을 깨닫게 될 것이다. 공사판이나 회사에서도 감독자가 옆에 있으면 어영부영 적당히 할 수 없다. 하물며 목회를 간섭하시는 분은 완전하실 뿐 아니라 전능하신 분이 아닌가. 우리를 구원하시고 목회를 하게 하신 주의 성령이 내 속에 들어와 계시기 때문에 나의 생각과는 관계없이 '열심'이 생기는 것이다. "심령에 매임을 받아"라는 바울의 고백처럼.

예전에는 교회 일이나 설교 준비에 부담을 느낀 적도 물론 있었다. 하지만 이젠 나 자신을 위해 시간을 보내는 것이 오히려 더 불편하다. 날마다 그분께만 충성하리라 고백한다. 주님만을 사랑하고 순종하리라. 방해가 되는 일이면 무엇이든지 끊어야 되겠다는 일념으로 산다. 나를 사랑하는 하나님이 나를 충성되이 여겨 맡기신 일, 그 이상의 기쁨을 어디에서 기대하겠는가? 또 내 생명의 주인이 사랑하는 영혼을 사랑하는 것이 얼마나 행복한가. 이런 생각에 내 마음은 늘 설렌다.

주의 일에 흘리는 땀의 가치는 세상 사람들이 상상도 못할 만큼 크고 아름답다. 내가 영혼을 사랑했다고 그 누구에게 보상을 요구하지 않는 것은 그 사랑이 주의 뜻이기 때문이고, 누구든지 목사를 좋아하여 보호하고 대접해도 교만하지 않는 것은 그들의 상급을 하늘에 쌓기 때문이다. 성령으로 이루어진 심령천국은 최고의 축복이고, 성령나무의 아름다운 열매는 "사랑과 희락과 화평과 오래 참음과 자비와 양선과 충성과 온유와 절제니 이 같은 것을 금지할 법이 없느니라"(갈5:22-23)고 하였다.

농부의 구슬땀은 가족 사랑의 씨를 자라게 하는 물이요, 등골에 흐르는 땀협곡은 온 가족을 사랑하는 혈관이다.

하나님 사랑은 교회 사랑으로 연결되고, 교회 사랑은 하나님을 사랑하는 마음의 항구가 된다. 하나님을 사랑하니 그 종을 사랑하지 않을 수 없다. 또 보낸 사람의 권위를 알게 되면 보냄 받은 사람을 함부로 대할 수 없다.

세속에 찌들려 몸부림치는 우리의 영혼을 위해서 하나님의 아들 곧 예수 그리스도께서 피를 흘리셨으니 절대로 그 값을 과소평가할 수 없다. 구원받은 성도의 영혼의 값, 그리스도의 피 값을 알고 있는 한, 한 성도도 함부로 대할 수 없다. 또 내 영혼을 구원시킨 이가 지체로 세운 교회를 어찌 멀리하며, 죄인 된 이를 위해 피 흘리신 은혜를 어찌 외면하겠는가! 고향에서 날아온 까마귀도 귀하게 보인다는데 주님이 세운 사람, 주님이 보낸 사람이 어찌 귀하지 않을 수 있겠는가!

당신은 행복한 자로다

님의 피값만큼 소중함
창조주가 감정했으니
아, 당신은 행복자로다

진토에 버려진 인생
영원한 낙원의 보좌
주인님의 기쁨에 참여할 자로다

신령의 눈 열어 흑암을 밀어내고
성령의 능력으로 무장하여
선택받은 권세를 누릴 자로다

아, 행복한 당신
고난 길 가다 낙원으로 들림 받는 기대
소망 기쁨 감사의 기도가 된다

행복한 당신
그대는 내 사랑을 심을 밭
님이 주신 옥토, 소중한 자로다.

이러쿵
저러쿵

목회자가 되어 성도를 인도하게 되었다. 그런데 사랑 받는 자들이 서로 화목하게 지내지 못하고 싸웠다는 말이 들려왔다. 그 중의 한 사람은 교회에 출석하는 것을 중단하였으며 한 사람은 마귀의 도구가 되었고 한 사람은 실족하였다.

또 부자가 가난한 자를 업신여겨 기분이 나쁘다는 말도 들렸고, 직분자들이 성도의 상점에서 외상을 하고 해를 넘기어 저들에게 고통을 주는 자도 있다고 했다. 대화할 때도 하나님의 사랑을 가지고 말해야 될 자들이 함부로 말을 해 믿음을 가지려는 자들에게 방해가 되며 장사하기 위해서 교회 나온 것이 아닌데 장사하러 나왔다는 말로 자존심을 상하게 하는 자도 있다고 했다.

사람은 누구나 자기 생각을 말하고 그의 사상과 지식에 기준하여 환경과 사람을 보기도 한다. 그렇게 말하는 사람 속에 그 요소가 있다. 그 말에 상처받는 자는 자신도 모르게 그 요소를 가질 수 있다. 이렇게 보이고, 이런 말을 들을 때 그를 위해 간절히 기도하면서 그 단계를 지나면 꼭 신앙과 물질과 명예까지 성공자가 된다.

나는 노인학교를 할 때 어떤 목적을 가지고 하는 것으로 오해를 받았다. 그리고 내가 중심으로 선을 행할 때도 사람에게 잘 보이기 위한 아부로 평가하는 자들도 있었다. 그러나 지금은 이렇게 말하는 자들이 없는 것을 보면 세월이 지나 바른 중심이 알려진다는 말이 실감난다.

단 하나, 기억해야 될 것은 예수님 믿는 사람 모두 성자가 아니라는 것이다.

주님의 제자 가운데도 가룟 유다가 있고, 우리들처럼 손해 보지 않으려는 사람들도 있었기 때문이다. 지상의 교회는 불완전하고 많은 문제가 있을 수도 있다. 그 시련과 고난이 바로 성도에게 성화의 재료이므로 꼭 필요한 것임을 기억해야 한다. 지금뿐 아니라 이전에도 이후에도 문제는 계속될 것이다. 바울 사도가 데살로니가 교우들에게 충고한 말에 귀 기울여 보자.

"형제들아 우리가 너희에게 구하노니 너희 가운데서 수고하고 주 안에서 너희를 다스리며 권하는 자들을 너희가 알고 저의 역사로 말미암아 사랑 안에서 가장 귀히 여기며 너희끼리 화목하라 또 형제들아 너희를 권면하노니 규모 없는 자들을 권계하며 마음이 약한 자들을 안위하고 힘이 없는 자들을 붙들어 주며 모든 사람을 대하여 오래 참으라 삼가 누가 누구에게든지 악으로 악을 갚지 말게 하고 오직 피차 대하든지 모든 사람을 대하든지

항상 선을 좇으라 항상 기뻐하라 쉬지 말고 기도하라 범사에 감
사하라 이는 그리스도 예수 안에서 너희를 향하신 하나님의 뜻이
니라"(살전5:12-18).

나의
머리 둘 곳이
어 디 뇨

예배처소가 있던 집이 팔려 이사가 불가피했다. 빌려온 돈을 갚고, 성도가 십일조로 바친 150만 원을 가지고 건물을 얻으려니 마땅치 않았다. 마침 50미터 거리에 2층짜리 가정집을 짓고 있었는데, 그 가족 중에 한 분과 친분이 있었다. 아주 부자 노인이었는데, 외로울 때면 찾아와 여러 이야기를 들려주기도 했던 분이었다. 그 분은 갈 곳이 없는 교회의 형편을 아시고 16평 되는 2층에 방을 만들지 않고 예배처소로 내 주셨다. 그런데 들어가고 보니 건축 허가가 나지 않는다는 것이다. 화판으로 방을 만드는 시늉까지 하여 겨우 예배를 드릴 수 있었다. 그때처럼 가난의 서러움을 절감한 적도 없다. 공무원들의 권위주의와 부패는 순수한 목사의 자존심을 짓밟았다.

개척교회의 서러움은 말로 다 표현할 수 없지만, 그래도 어려운 가운데 부흥되어 2부 예배까지 드리게 되었고, 나중에는 신유의 역사도 나타나 예배장소가 비좁도록 부흥되었다. 목회에 자신감도 생겼고 이런저런 계획으로 마음이 부풀었다. 그러나 그것도 잠깐, 교회에 문제가 생겼다. 시작이 어딘지도 모를 소문들이 무성하고, 혈연 지연으로 뭉쳐진 사람들이 목사를 대적하고, 편이 나누어졌다. 그 폭풍으로 96명의 성도가 27명으로 감소되었고, 철부지 목사는 벗겨진 인격의 옷 때문에 성전에서 여러 날을 눈물로 지새웠다. 그것이 주님의 훈련이었음을 나중에서야 깨닫고 감사했다.

"교만이 오면 욕도 오거니와 겸손한 자에게는 지혜가 있느니라"(잠11:2).

"사람의 마음의 교만은 멸망의 선봉이요 겸손은 존귀의 앞잡이니라"(잠18:12).

그후에도 여러 번 시련을 겪어야 했다. 일 년이 지나자 집주인은 세를 일백만 원을 올려 달라는데, 형편은 그럴 수 없었고 그렇다고 응하지 않을 수도 없었다. 다시 일 년이 지나자 또 그만큼을 올려달라고 하니 더는 방법이 없어 다른 장소를 물색하기도 하며 기도를 시작했다. 도로가에 세워진 2층 당구장 건물을 보면서 여호수아가 여리고를 도는 것같이 기도하며 돌았다. "하나님 주세요, 믿습니다." 1년이 지나도록 응답이 없었지만 마음에 항상 평강이 있었다. 그러던 어느 날 정육점을 하는 분이 아내에게 건물을 지으니 세 들어오라고 했다기에 가보니 36평이 조금 넘는데, 전세로는 750만 원이었다. 돈이 모자라 안 되겠다고 돌아서서 나와 기도하는데, 모자라는 돈만큼 월세로 돌려주겠다고 한다. 하나님의 응답으로 알고 감사했다.

계약이 이루어졌고 몇 명 안 되는 성도들은 신바람이 났다. 사람이 뜻을 정하고 기도하면 하나님은 그 이상의 것을 주신다는 것을 다시 깨닫게 되어 기뻤다. 당구장 건물보다 더 편리하고 조용한 데다 새 건물이라 분위기도 좋았다. 그런데 중도금을 지불할 때쯤 되었을 때 계약을 파기하자고 연락이 왔다. 월세를 못 낼 수도 있으니, 전세로 들어오려는 교회에 주기로 했다는 것이다. 전세로 온다면 괜찮지만 그렇지 않으면 계약을 파기할 수밖에 없다는 것이다. 건물 하나를 놓고 목회자끼리 경쟁해야 하는 것이 너무 비참했지만 하는 수 없이 돈을 빌리기로 뜻을 모았다. 기도하면서 이리저리 돈을 구하고 있는데, 어떤 집사에게서 전화가 왔다.

"돈 갖다 쓰시겠습니까?"

16평짜리 교회당은 전세금만 받고 시설까지 그대로 넘겨주었다. 용광로처럼 연단받고, 무덤에 내려가는 자처럼 울고, 가장의 사명을 다하지 못해 아내까지 잃을 뻔했던 장소를 벗어나면서 환난 가운데도 위로하시고 승리의 노래를 부르게 하시는 하나님께 영광을 돌리며 새롭게 개척하는 자세로 예배처소를 옮겼다.

"구하라 그러면 너희에게 주실 것이요 찾으라 그러면 찾을 것이요 문을 두드리라 그러면 너희에게 열릴 것이니"(마7:7).

나의 안식은 순종의 삶 뿐 이 다

하나님은 어린 시절 질병에서 나를 구원해 주셨다. 세상 따라 주님의 뜻에 불순종하면 질병을 보내어 회개하게 하셨다. 타락과 징계, 회개와 치료를 거듭하면서 내 의사와 상관없이 나는 목회자가 되었다.

나 스스로 이 길을 택했다면 벌써 좌절했을 것이다. 아니 처음부터 엄두도 못 내었을 것이다. 그러나 주님이 몰아가시는 대로 쫓겨 가고 때로는 따라가 보니 목사가 되었고, 제일교회 담임으로 일천 명에 가까운 성도들을 양육하는 주의 종이 되었다.

지난 세월을 돌아보니 긴 잠에서 깨어난 것 같다. '내외적으로 일어나는 그 많은 일들을 어찌 견뎌왔을까.' 이제 와 생각해 보면 나의 주관과 계획에서가 아니라 하나님의 뜻대로 말씀에 순종하며 살았던 것이 현재와 미래 그리고 영원한 안식을 약속해 주셨다는 것을 깨닫게 되었다.

　　좀더 자자, 좀더 쉬자, 적당히 살자는 육신의 목소리에 귀를 닫고 오직 기도, 말씀, 순종으로 성령의 인도를 받으며 이 세대와 끊임없이 싸워가는 것이 참 안식의 길이다. 육신이 피곤하면 영혼과 마음이 편하고 육신의 편안을 추구하면 영혼과 마음의 번민과 고통이 온다는 것을 늘 체험한다. 인간의 참 만족은 영혼의 만족이요, 이 만족은 포도주와 곡식의 풍성함보다 더 충만한 것임을 경험해 본 사람만이 알 것이다.

죽을 몸 살리심 확실히 알지만
때로는 어둠에 가리워
잊고 살 때 많으니

분초도 방심 없도록
사랑의 매 들어서라도
깨어 있게 해 주세요

나의 참 안식은
님의 품안에서
오직 순종에 있음을
실천하게 하옵소서.

지나간
세월은
아름답다

창립 17주년, 요즘 같은 스피드시대가 아니라도 강산이 두 번은 변했음직한 시간이다. 돌이켜보면 나 자신뿐만 아니라 가족과 환경, 사회가 모두 창립 때와는 너무 달라졌다. 모든 것이 암울하고 배고팠던 그 시절에도 음식을 나누며 서로 인정을 나누었다.

창립 다음해에도 봄은 어김없이 찾아왔다. 아카시아 숲 사이로 따스한 햇살이 비치고, 옆집의 누렁개는 마당에 배를 깔고 누워 털을 고르고, 띄엄띄엄 있는 시골주택에서 연기가 안개처럼 피어오르는데, 저만치 보이는 비포장 국도에는 버스가 경적을 울리며 지나가고 있었다. 그 시절엔 목구멍에 풀칠한다는 말이 그다지 유난스럽게 들리지 않았었다. 내 배에서도 자주 꼬르륵 소리가 났다.

우리 천막교회에 나왔던 꼬마가 감귤 몇 개를 "목사님 드세요." 하면서 건네주며 수줍은 듯 달아나던 모습은 아직도 잊혀지지 않는다. 면사무소 옆에서 과일가게 하던 집의 자녀였는데, 그 조그만 감귤 몇 개가 내겐 하나님이 천사를 통해 보낸 선물처럼 귀하고 고마웠다. 너무 오래된 일이라 그것을 나 혼자 먹었는지 아내를 주었는지는 생각이 나지 않는다. 그러나 그때보다 더 맛 있는 감귤을 먹어본 기억은 없는 것 같다.

어디 그뿐인가, 허기로 밤잠을 이루지 못할 때, 홍성에서 청 년이 가져온 호박고구마는 그야말로 꿀고구마였다. 목구멍에 고 구마 넘어가는 소리가 다 날 정도였으니 말이다. 수리산 밤 바위 에 드문드문 섰던 밤나무를 찾아서 밤도 따먹고, 흰돌산 기도원 에 올라갈 때는 길 옆에서 당근을 얻어먹으면서도 기도 소리가 우렁찼고, 세계 복음화의 꿈으로 밤을 하얗게 새우기 일쑤였다.

먹는 이야기를 하면 논산훈련소 시절 식사당번 때의 일을 빼 놓을 수 없다. 28연대 훈련병으로 취사장에서 밥과 국을 타가지 고 오는 길이었다. 얼핏 보니 양동이에 돼지고기 비계 하나가 보 트처럼 떠다니고 있었는데 그것이 얼마나 먹고 싶었던지 옆에 전 우가 있는데도 불구하고 얼른 고기를 잡았다가 먹지도 못하고 손 만 데일 뻔한 일이 있었다.

지금은 국가 발전의 덕분으로 끼니 걱정은 안 하게 되었지만, 음식에 대한 감사가 없어져서 사랑을 주고받는 마음의 길이 단절 되어 버린 듯하다. "사람이 죽을 먹고 살아도 마음 편한 것이 제 일이다."라고 하시던 부모님의 말씀이 명언이었다.

세상도 변했지만 나도 참 많이 달라졌다. 52kg의 깡마른 체 구, 반짝이는 눈, 지칠 줄 모르는 도전, 우렁찬 기도 소리, 불붙는 배움의 열정을 가졌던 젊은이가 지금은 풍설(風雪)로 몸과 마음이 지친 70㎏의 중년이 되었다.

　나에게 인생을 보람 있게 사는 길이 무엇이냐고 묻는다면 고생을 두려워하지 않고 열심히 살다 보면 행복이 무엇인지, 바르게 사는 것이 어떤 것인지 깨닫게 될 것이라고 말하고 싶다. 영혼을 사랑하기 위해, 의를 위해, 또 하나님의 형상으로 지음 받은 사람을 사랑하는 일을 위해 고생을 무릅쓰고 헌신한다면, 노년에는 철학자로서 양식 있는 사람이 되어 오염된 현실 속의 산소 같고 사막의 오아시스와 같은 존재가 될 것이다.

　지금부터 20년쯤 후에는 지금 이 시절이 좋았다고 말할지도 모른다. 노인이 되어 요단강 건너갈 준비를 하고 있을 터이니 어쩌면 가장 행복한 시간을 보내고 있다는 고백을 하게 될지 알 수 없는 일이다. 예수님 만난 후에 있을 큰 기쁨을 기대하면서 말이다.

　조용한 밤, 잠들기 전에 성경구절을 가만가만 암송해 보기로 하자.

　"너희가 진리를 순종함으로 너희 영혼을 깨끗하게 하여 거짓이 없이 형제를 사랑하기에 이르렀으니 마음으로 뜨겁게 피차 사랑하라 너희가 거듭난 것이 썩어질 씨로 된 것이 아니요 썩지 아니할 씨로 된 것이니 하나님의 살아 있고 항상 있는 말씀으로 되었느니라 그러므로 모든 육체는 풀과 같고 그 모든 영광이 풀의 꽃과 같으니 풀은 마르고 꽃은 떨어지되 오직 주의 말씀은 세세토록 있도다 하였으니 너희에게 전한 복음이 곧 이 말씀이니라"
(벧전1:22-25).

환난 속에
자라는
교 회

10월이 되고 가을 낙엽이 바람에 뒹굴기 시작하면 나도 모르게 천막교회 시절의 그 고통스러움이 떠오른다. 처음부터 천막교회를 생각했던 것은 아니다. 도로 옆에 있는 2층 건물을 얻으려고 친지에게 돈을 부탁했다가 거절당한 후 2차 대안으로 천막교회를 세운 것이다. 지금 생각하면 당시의 거절이 나로 하여금 더 큰 믿음과 새로운 각오를 하게 한 것이지 싶어 오히려 감사하다.

78년 10월 15일, 창립예배를 드렸다. 그리고 서원기도 했던 대로 천막에서 철야를 시작했는데, 그 겨울의 추위는 차라리 무섭기까지 했다. 그렇게 목회를 시작한 지 십육 년, 여러 번의 힘든 위기를 겪었다. 믿었던 사람으로부터 어처구니없는 욕을 먹기도 했고, 교회에서는 "아니 땐 굴뚝에 연기 날까?"라는 말로 구설수에 오르기도 했다. 그러나 그런 모든 일들은 예수님을 더욱 의지하게 할 뿐이었다.

교회는 환난 가운데 성장한다. 문제가 없고 환난이 없는 교회는 교회가 아니다. 세상적인 눈과 지식을 가진 이들은 교회는 사랑과 화평만 있는 곳으로 착각을 하고, 진리와 영감이 있는 곳을 문제가 많은 곳이라고들 말하지만 그건 틀린 시각이다.

예수님을 따르던 12명의 제자를 살펴보면 항상 문제를 안고 있었다. 예수님의 제자를 선택할 때 부름 받은 자들은 배와 그물을 버려두고 예수님을 좇았다. 심지어는 부모님까지 버리고 따라왔다. 믿지 않는 이들, 바리새인들은 그런 제자들을 어떻게 평가했던가! 또, 예수님의 제자들은 예수 그리스도의 능력과 존귀성을 바르게 평가하지 못했다. 올바른 믿음으로 옥합을 깨는 마리아를 핍박했고, 서로 높아지려고 다투었다. 그것뿐인가? 가룟인 유다라는 제자는 하나님의 아들 예수를 은 삼십에 팔았다. 함께 복음 전하는 데 동원되었던 제자, 그리스도께서 발 씻어준 제자, 재정을 맡긴 제자가 예수님을 은 삼십과 바꾸는 기막힌 일을 저질렀던 것이다.

이런 일련의 문제들은 '예수 그리스도의 가르침이 잘못된 것일까? 능력이 부족하여 그렇게 되었을까? 기도를 많이 하지 않아서일까?' 오늘날 같으면 그렇게 생각하는 사람들이 혹 있었을지도 모른다. 하지만 유다의 배신조차도 예수님에게 그렇게 큰 문제가 되지 않았다. 그저 묵묵히 하나님이 정하신 길로 가셨다. 십자가 지는 것이 보내신 이의 뜻이기에 그 길을 가는 수밖에는 없다. 그것은 다만 부활로 가게 하는 하나의 사건에 지나지 않았을 뿐이다.

며칠 전에도 한 모임에서 어떤 교회가 분리되었다는 얘기를 들었다. 직분자가 교회에 출석하지 않는 걸 보면 큰 문제가 있는 것이라고들 수군거렸다. 내가 시무하는 교회에서도 비슷한 경우가 있었다. 교회에서 신임을 받았던 한 직분자가 나의 목회방법이 자신에게 맞지 않는다는 이유로 교회를 떠났다.

나는 그럴 수도 있다고 생각한다. 예수 믿고 난 후 부족하나마 순교자의 자세로 살아보겠다는 사람도 있고, 예수 믿고 복 받아 평안하게 살아보겠다는 사람도 있으니 이런 생각의 차이가 서로 결합하지 못하게 하는 원인이 될 수도 있지 않은가? 또 환경이나, 관점의 차이 등이 근본적으로 맞지 않을 수도 있다. 이런 모든 것들이 주님 안에서 어우러질 수 있다면 은혜로운 일이겠지만 그렇지 못할 경우는 어쩔 수 없는 일이다. 구멍가게 단골손님도 아니고, 마음에 들지 않아 떠난다는 사람 붙잡고 사정하는 것도 어찌 보면 우스운 일 아닌가? 그래도 떠나는 사람이 있는 것을 보면 교회에 무슨 문제가 있는 것이라고들 한 마디씩 했다. 하지만 과연 그럴까?

성경을 보면 의가 있는 곳에는 핍박하는 세력이 있다고 했고 그 핍박 자체는 성도를 안전케 하는 것이기 때문에 필요한 것이라고 기록되어 있다. 진리와 영감의 사람, 바울을 보아도 알 수 있다. 그토록 의지하고 함께 동행하던 바나바와 갈라서고 믿음의 형제들 중에 몇은 대적도 했고 떠나기도 했다. 그렇다고 해서 그것이 그의 사명에 어떤 영향을 끼치진 못했다. 복음을 전하는 이는 어떤 일에든 초연하게 대처하고 복음을 전하는 일에 열심을 다하면 된다. 그것이 제일 중요한 것이다.

외화도피로 나라를 떠들썩하게 한 유명한 목사가 한 사람 있다. 그는 그 일로 교단을 떠나 독립으로 목회를 하고 있다. 아직도 외부에서는 그에게 문제가 있다고 생각하지만 내적으로는 영력이 있어 많은 성도를 양육하고 있다. 참된 그리스도의 사람은 환경과 사람들의 변화에 큰 충격을 받을 필요가 조금도 없다. 자신의 잘못으로 상대가 실족했다면 그때마다 깊이 회개하고 힘 잃지 말고 또 다시 시작해야 한다.

믿음의 사람은 실패에 대하여 절망하지 않고 믿음으로 또 일어설 수 있어야 한다. 그리고 자신의 판단이 항상 바를 수 없다는 것을 인식하고 겸손하게 일을 계속해야 한다. 예수님의 제자 베드로의 실패가 영원한 실패였는가? 아니다. 베드로의 실패는 회개와 변화를 일으켰고, 그리스도의 사랑을 더 깊고, 넓고, 높게 깨닫게 하였다.

지금도 간혹 앞뒤 좌우를 분간치 못하고 교인 한 사람 안 보이고 직분자 한 사람 불평하면 교회에 큰 문제가 있는 것이라고 선전하는 사람들이 있다. 또 목회자 자신도 성도들에게 너무 민감한 반응을 보임으로 마귀의 올무에 빠질 때가 있다. 그렇지만 그런 일련의 일들로 실의에 빠지거나 시험에 들 이유는 조금도 없다. 교회는 늘 문제가 많은 곳이라는 사실을 인식하고 있으면 된다. 부흥하고 기도하고 살아 있는 교회에는 사탄이 역사하기 때문이다. 지상의 교회는 전투적 교회이니 늘 문제의 연속일 수밖에 없다. 많은 문제 속에 올바로 자라나야 비로소 천국에서 상급을 받을 수 있게 되는 것이라고 믿는다.

당신 한 분이면

바람이 세차
피할 곳 없을까 두리번거리다

아름답게 보이고
제법 힘 있어 보여
힐끔힐끔 바라보노라니

바람에 날리는 겨 같습니다

이젠
곁눈질 하지 않으렵니다

나의 지식
성경의 진리만으로

나의 인도자
성령님 한 분만으로

나의 기도의 대상
하나님 한 분만으로

믿음의 대상도
주님 한 분만으로 만족합니다

쓸쓸한 밤거리의 고난
시련의 늪에서도
오직
님의 가슴에 안겨
평안의 잠 이루며
행복한 맘 모닥불 지피우고

사랑 노래로
당신 한 분만을
찬양합니다.

입관예배를 마치고

새벽 1시, 요란한 전화벨 소리에 잠을 깼다. 90세를 넘기신 한 할머니가 임종하셨다는 전화였다. 마침 음력설이라 친척집에도 다녀오고, 또 여러 성도들을 만나느라 밤이 늦어서야 잠이 들었던 까닭인지, 마음과는 달리 몸이 선뜻 움직여지지 않았다. 평소 같으면 연락을 받는 즉시 가보았으련만, 간호사인 조카가 놓아준 알부민도 제 효력을 발휘하지 못하는지 몸은 연약의 포로가 된 채 누워 뒤척이며 새벽을 맞았다. 그제야 서둘러 부교역자에게 임종예배를 부탁하고 입관예배는 저녁 5시로 약속을 해 두었다. 명절 다음 날이라 고향에 다니러 간 성도들이 많아서 몇몇 성도들만이 입관예배에 참석할 수 있었다. 우리 일행이 그곳에 도착했을 땐 이미 입관을 시작하고 있었다.

나는 전도사들도 함께 그 모습을 지켜보도록 했다. 그들 역시 주의 종이 되었으니 모든 절차를 잘 배워두어야 한다는 생각에

서였다. 고인에게 새 옷을 입히고 머리 손질과 얼굴을 깨끗이 닦고 나니 잠든 듯이 아주 평안한 모습이었다. 다음으로 입관 전의 마지막 절차로 후손들에게 고인을 볼 수 있는 기회가 허락되었다. 칠십이 넘어 보이는 딸이 "어머니, 용서해주시오. 찾아와 뵙지 못해서 미안해요." 하면서 애통해 하고 가족들은 눈시울을 적시고……. 그렇게 가족들의 마지막 인사가 끝나자 얼굴이 가려지고 가난과 질고가 많은 이 땅을 떠나 단절의 장소인 관으로 들어가셨다. 관 뚜껑을 막는 망치소리가 '탕탕' 하고 들렸다. 단절의 문, 돌아올 수 없는 문이 닫히는 소리였다.

입관예배를 드리는 동안 세상의 방법에 길들여진 사람들은 어쩔 수 없는 습성 때문에 시신 앞에 엎드려 울고 싶어하였고 절을 하려고도 하였다. 물론 우리의 육신은 슬프다. 다시는 볼 수 없다는 것 때문에 슬픈 것이다. 다시 마주보며 웃을 수 없고, 다시 그 손을 잡을 수 없다는 안타까움으로 인해 슬프다.

그러나 우리 믿는 사람들에게 '죽음'이란 하나님의 나라에 들어가는 것이다. 그러니 찬송을 부르며 기뻐해야 한다. 그것은 세상 무엇과도 바꿀 수 없는 영적인 기쁨이다. 천국을 바라보면 현재 헤어짐의 슬픔보다는 만남의 기쁨이 더 충만하게 다가오지 않는가! 고인이 이 땅의 외로움과 서러움을 다 벗고 천국에서 주님이 마련해 놓으신 희락을 누리시리라 믿으며 날빛보다 더 밝은 천국의 노래를 불러야 한다.

말씀을 전해야 할 시간이 됐을 때 요한복음의 말씀을 가지고 애통해 하는 가족들을 위로하였다.

"너희는 마음에 근심하지 말라 하나님을 믿으니 또 나를 믿으라 내 아버지 집에 거할 곳이 많도다 그렇지 않으면 너희에게 일렀으리라 내가 너희를 위하여 처소를 예비하러 가노니 가서 너희를 위하여 처소를 예비하면 내가 다시 와서 너희를 내게로 영접하여 나 있는 곳에 너희도 있게 하리라 내가 가는 곳에 그 길을 너희가 알리라 도마가 가로되 주여 어디로 가시는지 우리가 알지 못하거늘 그 길을 어찌 알겠삽나이까 예수께서 가라사대 내가 곧 길이요 진리요 생명이니 나로 말미암지 않고는 아버지께로 올 자가 없느니라"(요14:1-6).

예수님께서는 제자들에게 "마음에 근심하지 말라"고 하셨다. 이 땅에 살면서 어찌 근심이 없을 수 있겠는가. 예수님도 그것을 아시기 때문에 근심하지 말라고 말씀하신 것이다. 내일을 예측할 수 없는 인간의 나약함은 항상 우리를 근심 속에 빠뜨린다. 이 근심은 우리가 하나님을 믿고 예수 그리스도를 영접할 때만이 비로소 사라진다.

우리 믿는 사람들에게는 영원히 거할 처소가 예비되어 있다. 그 처소는 우리를 영접할 예수님이 계신 곳이다. 신령한 하나님의 그 나라에서 우리는 예수 그리스도와 함께 영원을 누리게 된다. 마치 태중에 있는 아이가 아무 생각 없이 태어나고 나면 이 세상이 그의 눈에 보이듯 우리 인생이 이 세상을 떠나면 그 다음의 세상이 펼쳐져 있다고 성경은 말하고 있다. 뿐만 아니라 어떤 사람은 죽었다가 살아나서 간증을 하기도 한다. 그러나 대부분의 사람들은 이것을 믿지 못한다. 직접 체험하지 않았기 때문에 믿을 수 없다는 것이다. 그렇다면 그것을 직접 체험하게 된 때에는 이미 늦은 후라는 것을 인지하고 있는 것일까? 그때는 이미 너무 늦어서 후회밖에는 남는 것이 없을 것이다.

예수께서는 자신을 "길이요 진리요 생명"이라고 말씀하셨다. 그리스도는 천국 가는 길이요, 영원히 불변하는 진리요, 영원히 사는 생명이시다. 예수 없이는 천국 갈 수 없고 행복할 수 없고 영원을 누릴 수도 없다.

고인은 오랫동안 신앙생활을 하시진 못했지만 가족의 도움으로 주님을 믿었으니 복 중의 복이요 영광 중의 영광이 아니겠는가. 육 년 빠진 백세, 우리 민족의 갖은 수난을 몸소 체험하고도 소년처럼 때 묻지 않고 순수하게 살아오셨으니 그만하면 세상의 복도 많이 누리신 것이리라. 어제 아침까지도 방문을 여닫으시며 사랑하는 후손을 기다리다가 새벽녘에 잠들 듯 조용히 눈을 감으셨다고 한다. 비록 정원 한 평 없는 비좁은 연립주택에서 살았지만 임종의 순간에는 가장 값진 것을 얻었다. 아름다운 찬송에 묻혀 천국으로 가고 있으니 말이다.

큰 집과 재산이 아무리 많으면 무슨 소용이겠는가! 많은 물질이 우리를 위해 해 줄 수 있는 것은 과연 무엇일까? "사람이 만일 온 천하를 얻고도 자기의 영혼을 잃는다면 그것이 무슨 유익이 있겠는가?"라고 성경은 말하고 있다. 황금 보석으로 만든 집에 산다고 저주받은 영혼에게 구원이 있을 수 있을까? 예수 없는 영혼, 돈을 따라가는 영혼은 참으로 불쌍하다. 물질과 건강을 비교할 수는 없다. 또한 건강이나 부귀가 구원과 비교될 수도 없다.

애국자, 효자, 효부로 얻은 명예와 명성 역시 구원에 비하면 아무 것도 아니다.

나는 고인이 이 세상에서 가장 큰 축복을 받은 노인이라고 생각한다. 지난번 심방 갔을 때 함께 빵을 잡수시며 기뻐하시고, 신발도 신지 않고 목사를 배웅하러 좇아 나오시던 모습이 아직도 눈에 선하다. 노환으로 교회 출석을 잘하진 못했지만 예수 사랑 가슴에 품고 그토록 좋아하셨으니 저렇듯 복된 구원을 얻으신 게지.

값진 것 가지고 떠난 이의 명복을 빌며, 다음 날 있을 장례식에 하나님의 도움이 있기를 기도했다.

기쁨의 노년

동녘에 솟은 해는 서산에 뉘엿
떠서 지는 동안 나도 늙었네
청춘을 잡고파 발버둥쳐도
늙음을 막지 못하니 잡을 수 있는가?

실의(失意)와 비애의 포로 된 내 인생
주님이 은혜 입히니 기쁨이 가득
청춘을 투자하여 조물주의 일 하세
늙음은 기쁨의 세계로 가는 길목
가슴 열고 두 팔 벌려 노년을 기다리자

머리에 살구꽃 면류관을 쓰고
두 발이 부족하여 세 발로 걷고
작은 언덕 무서워 돌아만 가도
우리 주님 천국에서 날 기다리니
백발이 된다 해도 소망이 가득.

목회자만의
기 쁨

94년 8월 7일 주일, 찌는 듯한 무더위가 새벽부터 기승을 부리고, 등골에 흐르는 땀은 허리띠를 적셨다. 저녁예배를 마치고 나니 온몸이 땀으로 범벅이 되어 버렸다. 그래도 병환 중에 있는 성도들의 심방을 미룰 수 없어 교회를 나서니 저녁 9시 20분, 여러 번의 예배를 인도한 후라 목이 몹시 말랐지만 시간이 너무 늦어 서둘러 차를 몰았다.

먼저 찾아간 곳은 폐암으로 병원에서 치료 불가라는 판명을 받은 성도의 집이었다. 자신의 병이 치료할 수 없는 병인지도 모른 채 질병의 고통과 더위의 이중고를 당하고 있던 그 성도는 느닷없이 찾아간 목회자를 보고 무척 반가워했다. 이런 것이 바로 우리 목회하는 사람들의 보람일 것이다. 방문하는 것만으로도 성도에게 작은 기쁨과 위안을 줄 수 있으니 말이다.

손을 잡고 기도로 그를 위로한 후에 후손에게 꼭 하고 싶으신 말씀이 무엇이냐고 물었다. 여러 번 임종의 모습을 보아온 내 경험으로는 기회 있을 때 자녀들에게 남기고 싶은 말을 할 기회를 주는 것이 필요하다고 생각했기 때문이다.

"하나님 잘 믿어라."

"우리 할망구 건강하게 사는 것이 소원이요."

"누가 나의 이 아픈 것 좀 고쳐다오."

떠듬떠듬 울먹이는 목소리로 말을 맺는다.

물에 빠진 사람이 살아남기 위해서는 지푸라기라도 잡는다는 말이 생각났다. 고쳐준다고 장담만 한다면 이 노인은 무엇이든지 다 내어줄 것 같았다. 얼마나 건강이 간절하면 저럴까 하지만 비록 이 땅에서 가장 소중한 육체가 수명이 다 되어 허물어지고 있어도 이 노인이 불행한 것만은 아니었다. 믿는 자녀들 때문에 복음을 듣고 예수 그리스도를 영접하게 되었기 때문이다. 결혼한 딸은 목사 부인이 되었고, 또 다른 딸은 열심히 충성하는 집사였다. 젊었을 때는 주님을 몰랐지만 이제 비로소 주님 앞에 조용히 마음의 무릎을 꿇고 주님에게 자기의 생을 부탁하는 겸허한 자세를 가지게 되었다. 가만히 그 노인을 바라보고 있으니 "오늘 나와 함께 낙원에 있으리라"는 주님의 인자한 음성이 들리는 것 같았다.

이 가정에 "너희는 마음에 근심하지 말라 하나님을 믿으니 또 나를 믿으라"는 내용의 말씀을 전했다. 그리고 나서 환자 몸에 손을 얹고 기도한 후 일어서니 그는 우리에게 음식을 대접하라고 아내를 재촉한다. 무서운 폐암도 자신의 집을 찾는 이들에게 대접하고자 하는 아름다운 마음을 막을 수 없나 보다.

아쉽지만 작별인사를 하고 손을 잡으니 그 손을 잡고 일어나 마루까지 나선다. 굳게 잡은 손은 다정하고 따뜻하여 애인의 손을 잡은 듯하다. 의사의 말로는 병이 점점 깊어간다는데 앞으로 얼마나 더 사실까? 인생은 정말 잠시 있다가 없어지는 안개와 같다는 생각을 하며 그 집을 나섰다. 남은 날들이 너무 짧긴 하지만 그래도 우리에게는 내세에 천국이 있으니 얼마나 감사한가.

그 길로 내쳐 노환으로 교회 출석을 못하는 김 집사님 댁으로 갔다. 친척들이 모여 있고, 집사님은 기력이 쇠하여 꺼져가는 등불처럼 심장의 고동이 약했다. 그렇지만 찬송을 드리는 얼굴에는 평강이 있었고, 힘없는 목소리지만 찬송도 따라 부르시고, 가뭄에 단비 맞은 곡식처럼 예배 후에는 힘을 얻고 보리차 한잔을 드셨다.

노년의 복 중 제일은 자녀들이 진리 안에 있어 임종시 찬송과 기도 그리고 말씀을 읽어드리는 것이다. 때로 믿음 없는 후손은 재산 싸움이나 장례식의 절차 준비 등 세상적인 말만을 하는 사람들이 있는데 그런 모습은 마지막 가시는 부모님에게 큰 불효가 아닐 수 없다. 기력이 쇠하여 말은 못하지만 귀는 열려 들을 수는 있으니 말이다.

이 가정에는 이렇게 아름다운 예배가 드려지니 얼마나 다행스럽고 감사한가. 김 집사님에게도 자녀들에게 하고 싶은 말이 무엇이냐고 물었더니 "예수님 잘 믿으라."고 했다. 어머니의 눈에 자녀들의 신앙생활하는 모습이 어떻게 보였을까? 어떻게 믿으면 잘 믿는 것일까?

　무척 힘들고 뒷골이 아플 정도로 피곤한 주일이었지만 두 노성도들의 말 속에 숨어 있는 뜻을 생각하여 목회자만이 가지는 보람과 감사를 느꼈다. 나를 충성되이 여겨 종으로 삼으신 주님께 영광을 돌리며 교회의 모든 성도들과 사경을 넘나드는 두 분의 건강을 위해 기도했다.

셋.

목회 속에 성장한 줄기

교육의
위대함이여

개나리와 진달래가 흐드러지게 피어 우리들의 마음을 흐뭇하게 하던 새봄이 물러가고, 온 산천이 푸르름으로 옷 입는 계절이 되었다. 여왕의 옷처럼, 화려함과 우아함을 자랑하는 5월이 되면 어린이날, 어버이날, 스승의 날이 사막의 오아시스처럼 귀하게만 느껴진다. 이 세 날을 우리가 꼭 기억하면서 이러한 날을 제정하게 된 취지를 되새기는 가운데 한 해 동안 자녀에게 무관심하지 않았나 반성하면서 관심을 가져야 한다.

유대인들을 통하여 우리는 몇 가지의 교훈을 얻을 수 있다. 망국 백성이 되어 세계 여러 곳에 흩어져 고통과 학살을 당하는 그 환난 가운데서도 연약하지만 하나님의 백성이라는 동질된 사상 하나로 서로 단합한 그들은 1948년에 우리나라 강원도보다 조금 크고 충청도보다 조금 작은 불모지에 나라를 세웠다. 인구는 서울시민 정도지만, 세계의 강대국으로 등장할 정도의 강한 힘을 가진 나라를 이룬 것이다.

이들이 이처럼 위대한 힘을 가지게 된 것은 '랍비'들의 권위가 대단했고 어머니들의 교육이 철저했기 때문이다. 그들이 자주 쓰는 말 중에 "유대인은 혈통으로 태어난 것이 아니라 교육으로 태어난다."는 말이 있다. 유대인들은 아버지가 유대인이고 어머니가 이방인이면 그 아들은 이방인으로 대우를 받는다. 반대로 아버지가 이방인이고 어머니가 유대인이면 유대인이 된다. 외할머니나 어머니가 유대인이라면 이스라엘에서 평안하게 살 수 있다. 그 유대인들은 백인, 황인, 흑인 여러 색깔을 가졌지만 유대인 교육을 받았기 때문에 지식과 사상이 동질을 이루어 내분 없이 열심히 살아갈 수 있는 것이다.

가정의 달을 맞이하여 비록 훌륭한 혈통으로 탄생했지만 부모님의 자녀에 대한 무관심이나 또는 부모님의 그릇된 교육으로 인하여 잘못된 사상 속에서 어린 자녀들이 자라 가고 있지는 않은지 생각해 보아야 한다. 한국의 어린이들은 무엇을 보면서 살아가고 있는가? 어린이의 장래를 좌우하는 것은 어머니의 올바른 가치관과 건전한 사상이며 올바른 어머니 모습을 자녀가 보고 닮을 수 있어야 이 나라가 바른 방향으로 발전해 갈 수 있다.

모 중학교에서 조사한 결과 음란 비디오를 본 학생들이 상당수라고 한다. 부모가 비디오테이프를 잘 간수하지 못한 까닭에 부모님이 집을 비운 사이에 무심코 VTR을 작동했다가 보았다고 한다. 사람은 두 번 태어난다. 처음은 물론 어머니의 뱃속에서 세상 밖으로 나오는 육체적 탄생이요 두 번째는 영적으로 거듭나는 것이다. 정신적으로 성장하지 못한 어린이에게 음란 비디오는 너무도 큰 충격이어서 청소년 교육을 담당하는 전공자의 말에 의하면 '제2의 충격'이란 용어를 쓴다고 한다. 음란 비디오뿐 아니라 부모들의 행위도 마찬가지여서 한국의 부모들에게 자녀를 사랑하신다면 제발 잘 때는 문을 닫고 주무시고, 음란 비디오는 자녀들의 손에 닿지 않도록 잘 간수하시라고 말해주고 싶다.

어린이들은 어른들을 모방하고 흉내 내면서 커간다. 며칠 전 초등학교 4학년인 아들이 와서 총을 사 달라고 졸라대었다. 거절할 수 없을 정도로 간절하여 이유를 물어본즉 친구가 가지고 있는데 영화에 나온 주인공처럼 총을 가지고 싸우는 것이 매우 재미있어 보였다는 것이다. 이것만 보아도 주변 환경이 어린이들에게 미치는 영향이 매우 크다는 것을 알 수 있다.

어린이가 보는 앞에서 부부싸움을 하거나 방탕한 모습을 보이면 어린이들에게 매우 큰 정서적 피해를 입힌다. 이번 어린이날을 맞이하면서 우리 주변에서 어린이들에게 유해한 환경들을 하나하나 깨끗하게 정리하는 것이 어른들의 도리가 아닐까?

우리 지역에도 스트레스를 해소하도록 하기 위한 놀이기구가 많다. 일명 '두더지 잡기 놀이' 등이 그것인데 그러한 것들이 어린이들의 청각과 정서를 망치고 있다. "아야! 왜 때려." "말로 해." 하는 소리가 때릴 때마다 나온다. 그것을 들으면서도 망치로 내리치며 좋아하는 어린이들, 심지어는 어른들까지도 즐기고 있다. 우리는 이것을 무심코 지나쳐 보고 있지만 나중에 상대의 아픔에 대한 무감각이 커짐으로써 사회문제가 될 것이 분명하다.

물질주의, 쾌락주의, 향락문화로 오염된 현실 속에서도 참되고 아름답게 자랄 수 있도록 어버이들과 스승님들의 특별한 교육이 절실히 필요한 시대이다.

가정의 달에 다음의 말씀을 마음에 담아 질그릇에 보배가 되었으면 하는 바람이다.

"자녀들아 너희 부모를 주 안에서 순종하라 이것이 약속 있는 첫 계명이니 이는 네가 잘되고 땅에서 장수하리라"(엡6:1-3).

기다려
주지 않는
부 모

계절의 여왕이라 부르는 오월은 가정의 달이기도 하다. 5월 5일은 어린이날이고 5월 8일은 어버이날이다. 가정은 약한 자가 가장 크고 큰 자가 가장 작아지는 세계이며 아버지의 왕국이요 어머니의 세계요 아이들의 낙원이다. 인간의 허물과 실패를 달콤한 사랑 속에 숨겨주는 곳이다. 이 가정을 더욱 귀하게 여기며 가정을 세운 하나님께 감사하는 달이다. 매년 어버이날이 되면 바쁜 일손을 멈추고 부모님의 은혜를 생각하며 빨간 카네이션 한 송이를 가슴에 달아드린다. 부모가 작고하신 분들은 지난 과거를 생각하며 후회하며 괴로워하기도 한다.

나는 부모님은 기다려 주시지 않는다는 것을 깨달았다. 내게 자가용이 생기면 고향에도 모셔가고 좋은 곳에도 모셔가려고 했는데 막상 자가용이 생기니 어머니는 중풍으로 문 밖 출입을 못하셨다. 그땐 너무 안타까워 가슴만 무너졌다.

우리나라도 제법 경제적으로 발전이 되고 생활이 좀 나아져 고기를 사드릴 형편이 되니 어머님의 치아가 모두 빠져 고기도 못 드시게 되었다. 휠체어마저 타실 수 없으니 얼마나 안타까운 일인가? 다하지 못한 효도를 하고 사랑하는 젊은이들과 자녀에게 노인들의 아름답고 겸비된 삶과 경험에서 오는 지혜를 보여주는 5월이 되었으면 한다.

우리 군포에도 연세 많은 부모님들에 대한 특별한 대책이 필요하다. 부모님을 천대하는 자는 나중에 천대받을 자요 노인복지에 신경 쓰지 않는 자는 자신이 늙어서 불편한 환경에서 살게 된다.

"자녀들아 너희 부모를 주 안에서 순종하라 이것이 옳으니라 네 아버지와 어머니를 공경하라 이것이 약속 있는 첫 계명이니 이는 네가 잘되고 땅에서 장수하리라"(엡6:1-3).

예수님께서는 효도하는 자에게 큰 축복을 약속하셨다. 이것은 또한 지상명령이기도 하다. 가난할 때 효도 못하는 자는 부자가 되어도 못한다. 효도를 내일로 미루는 것은 죄 중의 죄이다. 노년에 고통을 덜어 드리는 길은 부모님에게 신앙을 가지도록 하는 것이다. 할 일이 없는 자나 갈 곳이 없는 자나 말상대가 없는 자나 소망이 없는 자가 제일 고통스럽다.

아름다운 5월이 부모님들에게는 영원한 천국의 소망을 가지며 자녀들에게는 황혼빛의 아름다움을 보는 기회가 되었으면 한다. 나무는 잠잠하려고 하여도 바람이 멎지를 않고 자식은 섬기려 하여도 어버이가 기다리지 않는다!

우리 엄마도
생각해
주세요

새싹이 딱딱한 흙을 뚫고 나오는 4월 모처럼 사랑하는 아내와 한가로운 시간을 보내면서 이런저런 얘기를 나누었다. 몇 달 전에 천국 가신 어머님이 그리워져 안타까운 마음을 털어놓았더니, 아내가 불쑥 "우리 엄마도 그렇게 좀 생각해 보세요." 한다. 나에게 장모님 생각 좀 하라는 말이다.

아내는 충청도 한 산골, 산수 좋은 곳에서 농부의 딸로 태어났는데 공부해 보겠다고 상경을 했다. 그리고 어릴 때 믿던 예수님을 보호자 삼고 주경야독으로 젊음을 보내다가 나를 만나 결혼을 한 것이다. 결혼식 날을 받아 놓으니 그토록 사랑하던 아버지가 세상을 떠나셨다. 우체국 전보가 늦게 송달되어 도착하니 이미 장례는 끝나 있었고 봉구진 묘등만 눈앞에 있어 아내는 서러움으로 한나절 내내 울었다. '마지막 가신 모습을 한 번이라도 볼걸, 마지막 떠나시는 그 발길 따라 조용히 눈물 뿌려 배웅하며,

새노래 부르며 애도할 것을……' 하는 안타까움이 지금도 남아 있는 것 같다. 가난한 총각과 결혼을 한 탓에 직장생활로 생활을 책임지고 아내 노릇에 남편 학업 뒷바라지까지 하느라 혼자 되신 친정어머님도 찾아뵙지 못했다. 게다가 결혼한 지 2년째 되어 개척교회를 시작했다. 그러니 친정 가고 싶어도 차비도 없고 시간도 없어 몇 년을 미루다가 어머니가 위독하시다는 소식을 듣고서 내려가 보니 이미 늦었다.

2년만 기다리셨으면 원하시는 대로 모시고 다닐 수 있는 환경이 됐을 텐데 효도할 기회는 가버리고 후회만 남았다. 이젠 두 분이 모두 다 떠나시고 찾아가서 어리광 부릴 곳도 없게 된 외로운 아내!

흙으로 돌아가신 부모님 생각에 그리움만 가득한 텅 빈 친정집, 옛 추억에 사로잡혀 먼 산을 바라보면 어릴 때 어머니 옷고름 잡고 따라간 기억, 아버지 손잡고 건너온 개울 둑, 함께 다니던 영철이와 영식이 생각, 그래서 아내는 가끔 홀로 눈물 짓는가 보다.

남편이 운전하는 승용차에 엄마를 모시고 민속촌, 대공원 구경도 가고 싶겠지. 사느라 바빠 살아 생전 자주 찾아뵙지도 못한 설움이 가슴에 맺히기도 했겠지. 그러나 우리에게 천국이 있으니 어찌 슬퍼만 할 수 있겠는가? 이제 다 불가능하게 되었다고 생각할 때 성령님이 찾아와 천국을 생각하게 하셨다.

"또 그가 수정같이 맑은 생명수의 강을 내게 보이니 하나님과 및 어린 양의 보좌로부터 나와서 길 가운데로 흐르더라 강 좌우에 생명나무가 있어 열두 가지 열매를 맺되 달마다 그 열매를 맺고 그 나무 잎사귀들은 만국을 치료하기 위하여 있더라”(계22:1-2).

　“천국에는 홍수도 없고 안전사고도 없고 지난 번 고추 따서 이고 오시다가 다친 허리도 아프시지 않을거야. 우리는 이만하면 행복하잖아. 하나님이 사랑해 주시고 나도 당신 마음 잘 알고, 아이들도 공부 잘하고……. 이젠 슬퍼하지 맙시다. 주례해 주시던 목사님의 기도대로 검은 머리가 희어져 파뿌리 되도록 서로 사랑합시다. 이것 역시 우리의 소원대로 되는 것이 아니고 하나님의 절대 주권에 있는 것이니 ‘마음의 경영은 사람에게 있어도 말의 응답은 여호와께로서 나느니라’(잠16:1) 하신 말씀에 따라 하나님의 품 안에서 열심히 살아 봅시다. 먼 훗날 주님 앞에 갔을 때 좋은 종이라 칭찬받을 수 있도록 우리 열심히 삽시다.”라고 아내의 두 손을 꼭 잡아주며 아내를 위로했다.

왜 세상이
지옥보다
싫 을 까

사람이 무엇을 하느냐에 따라 사물을 보는 관점이 달라지고 관심을 가지는 바도 달라지는 법이다. 가족 중에 장애인이 있는 이들은 장애인 복지에 관심을 가지고 그것이 잘 이루어지지 않을 때 원망하고 불평을 한다. 장애인의 고통을 보지 않고는 그들의 심적, 육적 고통을 알지 못한다.

내가 목회하던 곳에 15년 이상을 앉은뱅이로 사시는 분이 계셔 그곳에 자주 들르게 되었다. 그는 아내에게 외면 당하고 아들들도 모두 집을 나가 중학생인 막내딸과 살고 있었다. 상체는 정상이나 하체가 병들어 화장실 출입이 불가능했으므로 방안은 냄새가 진동했다. 그와 함께 앉아 대화를 하는 중에 자기는 10년 이상 바깥세상을 구경하지 못했다며 격양된 어조로 "목사님, 나는 세상이 싫어요. 지옥이라도 좋아요. 지금 당장 죽고 싶습니다. 저는 이제 사람이 싫어서 견딜 수가 없어요."라고 말했다. 그것은 외로움과 육체의 고통, 그리고 건강한 사람들의 냉대 때문이었을 것이다. 그후 그 집은 헐리게 되었고, 그의 가족도 어디론가 이사를 가는 바람에 지금까지도 소식을 알 길이 없다.

어느 날 갑자기 건강하시던 어머니가 중풍으로 몸져눕게 되셨다. 그때 나는 개척교회를 하느라 정신적, 시간적, 경제적으로 큰 병원으로 모실 수 없는 상황이었다. 침을 조금 놓을 줄 아는 의사가 고칠 수 있다고 너무 장담하는 바람에 부탁하였다. 침을 맞고 한약도 드셨건만 차도가 없었다. 며칠이 지나자 큰소리치던 그가 말없이 손을 떼는 바람에 치료의 기회를 놓치고 말았다. 그후 언어 장애가 왔으며 문밖 출입도 불편하여 못하시게 되었다.

아들로서 내가 할 수 있는 일은 연 2회 바깥구경을 시켜 드리는 정도였다. 산책로는 민속촌과 대공원으로 잡았다. 지금부터 몇 년 전만 해도 공원에 휠체어가 없었다. 나는 어머니를 모시기 위해 공원에 휠체어가 있는가 찾아보았지만 없었다. 어린이를 태우는 유모차는 많은데 병든 부모님을 모실 수 있는 것은 없었다. 그후 우리나라의 모든 시설이 어린이 위주라는 것을 알았다. 그래서 노인들을 위해 무엇을 할까 생각하여 시작한 것이 노인학교였다. 그 노인학교가 벌써 6회 졸업식까지 마치게 되었다.

또 5년 전에 교회 여전도회가 주최한 바자회를 통해 구입한 휠체어 두 대를 노인 학교에 두었다. 병든 부모님께 연중 한두 번이라도 세상 구경을 시켜 드리는 것이 참된 효도가 될 것으로 믿었기 때문이다. 그후에 알고 보니 민속촌에도 일본 사람들이 기증한 휠체어 몇 대가 비치되었다고 한다. 그것을 세 번 사용하며 부끄러운 마음이 들었다. 이 정도는 우리 국민의 힘으로 예산을 세워 비치할 수 있는데 어디에 세금을 쓰느라고 일본인들이 도울 때까지 못하였는지……. 중풍으로 오래도록 누워 있는 부모님의 마음에 사람이 싫고 세상이 싫다고 하는 탄식이 나오지 않도록 해야 되겠다는 생각이 항상 내 마음에 있다. 한 가지 감사한 것은 장시간 몸져누웠음에도 큰 불편 없이 지내시도록 하신 형수님의 아름다운 효심이다. 나는 사람이 이 땅에서 행복하게 살아가려면 어릴 때는 부모의 후광으로 누리고, 결혼해서는 배우자를 잘 만나야 행복하고, 노년에는 자녀를 잘 만나야 편안하다는 것을 깨닫게 되었다.

부모나 장애인을 돌보는 것이 선행이라기보다는 의무라고 생각해야 되며, 도움을 받는 자는 작은 것이라도 감사하는 마음을 가져야 하고 그 감사함을 표현해야 한다. 정치인이나 사업가처럼 강자는 대다수의 약자를 생각함이 바람직하다. 우리나라 공원에도 노인들을 위한 휠체어가 다닐 수 있도록 신경써야 하며 휠체어 대여 시설도 꼭 갖추어져 있어야 한다. 공중화장실과 신도시 도로에도 장애인이 어려움 없이 다닐 수 있는 시설이 마련되어야 한다. 장애인은 처음부터 예정되어 있는 것이 아니다. 누구나 노인이 되고 장애인이 될 수 있음을 기억해야 한다.

어머니
천국 가신
날

찬란한 해가 비추어 그동안 얼었던 대지를 녹이고 있던 날, 개학 준비를 하느라 분주한 아이들도 추위에 어깨를 움츠리고, 중·고등학생들은 졸업식을 마치고 입학을 기다리는 2월 19일이었다.

오전 9시 50분쯤 구역장들에게 구역공과 공부를 시키려고 서재를 나오려는데 전화벨이 요란하게 울렸다. 받아보니 어머님이 하나님의 부르심을 받았다는 소식이었다. 10년 동안이나 투병생활을 해 오신 어머님, 어저께 찾아뵈올 때 작은 아들을 알아보지 못하고 사랑의 눈길도 주지 못할 정도로 쇠약하시더니 결국 하나님의 부름을 받았다. 마음은 어머님 계신 곳으로 달려가고 싶었지만 하나님이 주신 사명을 감당하는 것이 중요하기에 계획대로 구역공과 공부를 진행하기로 했다. 하지만 마음은 평정을 잃었고, 글을 읽다가도 자꾸만 줄을 잃어버렸다.

14년 전쯤, 어머니와 흰돌산 기도원에 간 일이 있었다. 개척교회 하느라고 매일 긴장해 있다가 긴장이 풀려서 그런지 첫 날에는 깊은 잠에 빠져 새벽기도회에도 참석하지 못했다. 어머니는 나의 방문을 여시고 "목사가 산기도 와서 잠만 자느냐."고 큰 소리로 야단을 치시는 바람에 변명도 못하고 혼이 난 일이 있었다.

이렇게 어머니는 나의 바른 목회를 위해 꾸짖으시기도 하고, 기도도 많이 해 주셨다. 또 가정복음화를 위해 기도하시던 그 열정은 언제까지 잊지 못할 것이다. 구역공부를 마치고 어머니가 계신 큰집으로 갔다. 어머니는 옛날과는 달리 병풍 뒤에 계셨고 나와는 함께 할 수 없는 몸이 되셨다. 이것이 인생이다. 영생이 없다면 얼마나 허무한가! 그러나 영생이 있으니 얼마나 다행한 일인지 어느 때보다 절실히 주님께 감사한 마음이었다.

형님의 친구와 나를 아는 분들이 찾아왔다. 우리 교회 성도들도 찾아와서 여러 가지 부족한 부분을 채워주었다. 내가 목회하면서 많은 가정에 가서 예배를 드리고 장례식을 치러왔지만 내가 상주가 되어 심방 받은 일은 이번이 처음이었다. 몇 시간 후 어머니가 출석하는 교회의 목사님과 성도들이 오셔서 예배를 드렸다. 침울한 분위기가 예배로 인하여 온화한 분위기가 되고 천국의 소망이 넘쳤다.

목사님은 한 외과의사가 자기의 직분에 상당한 자부심을 가지고 살았는데 언젠가는 자기의 힘으로 인간이 영원한 건강을 보장할 수 없다는 것을 깨닫고 겸손해졌다는 예화로 돈, 명예, 건강 모두 인생에게 참 만족을 줄 수 없다는 말씀을 해주셨다. 의사도 사람의 생명을 조금 연장시키는 일은 할 수 있을지 몰라도 죽음으로 가는 것은 막지 못한다는 그 말씀을 누구도 부인하지 못했다.

우리의 길을 바꾸어 놓은 하나님의 아들 예수 그리스도 안에서만이 죽음의 문제를 해결받을 수 있다. 예수님은 "내가 곧 길이요 진리요 생명이니 나로 말미암지 않고는 아버지께로 올 자가 없느니라"(요14:6)고 했다.

이번 일을 통하여 귀한 것을 하나 더 깨닫게 되었다. 상갓집의 예배가 얼마나 귀한 것인지를 새삼 느끼게 된 것이다. 바쁘다는 핑계로 상을 당한 사람들에게 관심을 갖지 못한 것을 회개하고 잔칫집과 회갑집 방문도 해야겠지만, 상갓집에 더욱 열심히 찾아가야겠다. 효도는 부모님께 육신적으로 잘해 드리는 것이지 돌아가신 뒤에 쫓아와 통곡하는 것이 아니라는 것도 알게 되었다.

"너희는 마음에 근심하지 말라 하나님을 믿으니 또 나를 믿으라 내 아버지 집에 거할 곳이 많도다 그렇지 않으면 너희에게 일렀으리라 내가 너희를 위하여 처소를 예비하러 가노니 가서 너희를 위하여 처소를 예비하면 내가 다시 와서 너희를 내게로 영접하여 나 있는 곳에 너희도 있게 하리라"(요14:1-3).

시간이 흘러 깊은 밤이 되었다. 병풍 뒤에 말없이 누워 계시는 어머니의 모습은 장래 나의 모습이기도 하겠지 하는 생각을 하며 앉아있자니 옆에서 주무시는 분들의 코고는 소리가 마치 음악소리처럼 들렸다. "어머니! 안녕히 가세요. 이 아들도 열심히 일하다가 훗날에 하나님 부르시면 천국에 가서 뵙겠습니다." 가만히 조그만 목소리로 어머니에게 마지막 인사를 드렸다.

어머니

가신 지 3년이나 되었는데
계실 때보다 더 가까이 오셨어요
나이가 들면 들수록
자꾸만 보고 싶어요
조용히 서재에서 책을 볼 때
책 속에 보이는 어머니 모습
텅 빈 방을 돌아보며
어릴 때 추억이 포로 되어
왈칵 눈물 쏟습니다

어머님 산소에 파란 풀잎이
덮였어도 제 마음에는
어머니를 그리워하는 맘이
돋아나고 있습니다

조금만 더 참으시지요
님이 주신 복으로 어머니 위해
흔들의자 하나는 놓아 드릴 수 있고
그토록 가시고 싶은 고향 땅에 모실 수 있는
한여름엔 시원한 바람
겨울엔 따뜻한 바람 나오는 차 샀는데

어머니 가신 후 좋은 환경 올 때면

어머니 생각에
가슴이 메어집니다

어머니
이 몸이 이젠 50대가 되었어요
나이는 병이라니
멀지 않은 날
어머니 가신 천국, 갈 것입니다

어머니! 보고 싶습니다.

어머니
죄 송 해 요

동구밖에 서 있는 애송이 감나무가 30년 만에 고향을 찾은 나를 반겼다. 소쿠리를 뽑아 매미 덫 만들고 산딸기 찾아 산속을 헤매던 나는 어디로 가고 옛 산만 남아 고향을 지키고 있는 것일까? 동리 앞 우물에 모여서 정담을 주고받던 아낙들은 다 어디로 갔을까?

그 정겹던 풍경은 이제 다 사라져 버리고 여기저기 빈 집만 남아 있다. "산은 옛 산이로되 물은 옛 물이 아니로다 주야에 흐르니 옛 물이 있을소냐 인걸도 물과 같아야……" 어느 시인의 노래처럼 고향을 잃어버린 듯 마음이 문득 허허롭다. 농촌문제가 심각하다고는 알고 있었지만 고향에 와 보니 비로소 구체적으로 그 문제점이 피부에 와 닿았다. 마을은 잠들어 있는 듯 고요하고 이따금 노인들의 모습만이 눈에 뜨일 뿐이다. 마음 탓일까, 개들조차 힘없이 느릿느릿 걷는 것처럼 보였다. 내가 어릴 때는 아이들의 손에 있는 고구마를 먹으려고 펄쩍펄쩍 뛰어 오르던 개들도 이제는 노인들과 생활하다 보니 그럴 필요를 잃어버린 것은 아닐까? 초등학교의 농촌 분교들까지 점점 문을 닫는다고 하는데 어느 날엔가 우리 고향은 그 자취까지도 사라져 버리는 건 아닐까?

마을의 여기저기를 둘러보다가 어머니와 둘도 없는 친구분을 만나 뵈었다. 너무나 반가워 손목을 잡으며 "안녕하세요?" 하고 인사를 해도 내가 누구인지 알아보시지 못하는 눈치다. 어느새 눈이 침침해지셨는지 눈을 한참 비비더니 그제야 알아보시며 "아이고 태진이 아니냐, 참 많이 변했구나." 하신다. 오랫동안 병환으로 누워 계신 내 어머니의 안부를 물으시는데, 잘 지내신다고 대답을 하면서도 마음이 영 편하지 않았다. 우리 어머니만 늙으시는 줄 알았더니, 그분도 여간 늙으신 게 아니었다. 하기는 내 소꿉친구들도 어느새 중년이 되었으니…….

내 모습은 또 어떤가! 고향에서 만난 친구들은 하나같이 "야! 많이 늙었다. 대머리가 되니 통 못 알아보겠는걸." 하지 않던가.

인생이 무엇인가? 성경을 보면 "모든 육체는 풀과 같고 그 모든 영광이 풀의 꽃과 같으니 풀은 마르고 꽃은 떨어지되"(벧전1:24)라고 기록되어 있다. 우리의 육체가 영원하지 않은 것을 위해 싸우고, 미워하고, 시기하고, 도둑질하고, 불효하고, 배신하면서, 그저 바쁘게 살아가고 있다. 무엇을 위한 것인지, 무슨 의미를 갖고 있는지, 자신이 무엇을 하는지도 모르는 채 정신없이 달음질 치고 있을 뿐이다. 생각할 시간이 없을 정도로 분주하게 살다 보면 삶의 의미를 잃어버릴 수밖에 없다. 그러다가 문득 공허하고, 그것을 욕심으로 채우려 드니 괴롭고, 세상 것으로 달래 보려니 병들고……. 그래서 현대인은 점점 불행해지는 것이다.

우리들은 모두 핑계에 익숙하다. 아담과 하와로부터 물려받은 습성이다. 하나님의 형상으로 지음 받은 아담과 하와가 하나님이 선물로 준 낙원에서 아주 행복하게 살고 있을 때 뱀 한 마리가 찾아왔다. 뱀은 하와를 설득하여 하나님의 뜻을 어기도록 하였다. 하나님의 뜻을 어기는 큰 죄를 짓게 하여 아담과 하와를 하나님과의 관계에서 끊어놓았다. 그후 그들은 자기의 모습을 숨기게 되었고 비밀이 생기게 되었으며 잘못을 상대에게 미루고, 핑계를 만들었다. 그리하여 아담과 하와는 낙원을 잃어버리고 고통스러운 삶을 살게 되고 만다.

우리도 살아가면서 여러 가지 핑곗거리를 만들어 자신의 입장을 정당화시키고자 할 때가 많다. 부모님을 공경하라는 성경말씀은 뒷전에 두고 환경을 핑계 삼아 부양을 회피하는 것도 그중의 하나다.

직장 때문에, 사업, 재산, 환경 등을 내세워서는 자신을 양육해 준 부모를 모시지 않겠다는 불효를 저지르는 사람이 우리 주변에는 너무도 많다. 부모님의 권위를 세워드리고 부모님 중심으로 생활하는 가정이라야 올바른 가정이라고 할 수 있다. 자기 일이 바빠서 부모를 외면하는 사람은 언젠가 자기 자식에게도 똑같은 대접을 받게 된다는 것을 우리 모두 깨달아야 한다.

이렇게 말하는 나도 다른 사람들과 별 차이가 없다. 어머니가 위독해지신 지금에야 찾아뵈면서 후회로 가슴이 터질 듯했다. 1

년 전만 해도 모시고 함께 살 수 있는 날이 있으리라고 생각했는데……. 반신불수이긴 하셨지만 한 손으로 나를 굳게 잡으며 울음으로 반가움을 표시하시던 어머니께서 나를 알아보지도 못하셨다. "교회에 붙어있지 않은 조용한 사택이 마련되면 꼭 모실 테니 조금만 참으세요." 하는 내 말에 꼭 그러시마고 기뻐하시던 우리 어머니! 그 약속을 지키기도 전에 세상을 떠나셨다.

'어머니, 마흔 살이 넘도록 어머니 오셔서 평안하게 쉬실 곳 하나 마련하지 못한 저의 무능함을 용서해 주세요. 하지만 어머니! 우린 예수님보다는 부자예요. 예수님은 머리 둘 곳조차 없으셨어요. 어머니! 지난 번 제가 사다드린 성경 기억하시지요? 땅의 소망이 참 소망이 아니라는 것 어머니도 아시지요. 이젠 슬퍼하지 마세요.'

우리 어머니는 스물여덟 청춘에 남편을 잃고 가난과 외로움을 이겨가며 자식들을 키우셨다. 주님 은혜로 구원도 받으셨고 환경에 종 노릇하지 않으시고 믿음과 인내로 환경을 이긴 장한 어머니시다. 어머니를 생각하면 고생하시던 모습이 떠올라 안타깝고 효도를 다하지 못한 회환 때문에 눈물이 손등을 적신다. 이제 어머니가 돌아가셨으니 지치고 외로울 때 누굴 찾아가 위로를 받을까. 형제간에 서운했던 일이 있어도 어머님이 계셔서 불화를 막아주셨고, 하나님이 연단하려고 주시는 고통인 줄 깨닫게 해주셨다. 어머니! 어머니! 아무리 붙잡고 울어도 주님이 부르시면 떠나시고 말 것을…….

예수 안에 있는 우리는 영생함을 믿기에 이젠 울지 않고 찬송

을 부르리라. 언젠가 하나님이 주신 사명을 잘 감당하고, 부끄러
움 없는 모습으로 나도 어머니 가신 그 나라 찾아가야지.

그
나라가
좋아요

먼 산에는 아지랑이가 아롱거리고 철쭉꽃이 만발할 때 한 여인이 교회로 찾아왔다. 그는 눈으로 말을 알아듣는 청각 장애인이었다. 거기에다 위암으로 죽을 날만을 기다리는 매우 불행한 사람이었다. 그는 교회에 나오고 싶었으나 전도하는 사람이 없어 망설이다가 이제야 용기를 내어서 나왔다고 했다. 나는 그 여인이 어머니 같은 연령이라서 손을 내밀어 악수를 청하며 "참 잘 결정했습니다. 반갑습니다." 하였더니 나의 손을 잡고 놓을 줄 몰랐다. 그의 손에는 힘이 들어가 있고 눈에는 이슬이 맺혔다.

그후 그는 예배 시간마다 잘 참석했다. 그의 눈은 설교하는 목사의 표정과 입과 눈을 보면서 설교의 내용을 이해했다. 예배 시간이 끝나면 조용한 모습으로 다가와 항상 악수를 청하고 기뻐하면서 돌아가곤 했다. 나는 그의 모습을 보고 '아! 이분이야말로 하나님의 택한 백성' 이라는 생각이 들었다. 그의 병은 점점 더 깊어가고 있었으나 그의 얼굴은 더욱 평안해졌다. 육적 고통과 가난과 외로움을 신앙심으로 이겨나갔다. 위암 말기 환자들이 그러하듯이 배는 계속 부어오르고 음식을 삼킬 수 없을 정도로 병세가 악화되었으나 정신은 더욱 맑아지고 똑똑해지는 것같이 보였다. 육체의 고통은 보는 사람으로 하여금 안타까움을 자아냈고 그 성도를 위하여 구역장이 파송되어 매일 예배드리며 전심으로 기도하였다.

어느 새벽에 전화벨이 요란하게 울렸다. 자정이 넘어서 오는 전화와 새벽 일찍이 오는 전화는 대부분 좋은 내용의 전화가 아니기 때문에 깜짝 놀라 전화를 받았다. "정월령 씨가 죽었습니다."라는 부음이었다. 내가 그분의 임종예배를 드리기 위해 그 집에 당도하였을 때 죽었다던 그분이 깨어나서 나의 얼굴을 기쁜 모습으로 쳐다보았다. 그의 눈은 비둘기 눈처럼 아름답게 보였다. 그리고 자기 손으로 나의 손을 잡으려 했다. 나도 반갑다고 말을 하면서 그분의 손을 잡았다. 그분은 천사와 같은 표정으로 눈을 감으며 나의 손을 굳게 잡고 목사를 위한 축복기도를 하고 있었다. 그분의 기도가 너무나 진지하고 간절하여 지금까지도 전율이 느껴진다.

얼마 후 기도를 마치니 방 안에 있는 모든 사람들은 "아멘" 했다. 나는 속으로 좀 당황했다. 위로받아야 될 자가 위로하고, 말씀을 전해야 하는 목사가 기도 받고 있었기 때문이다. 그후 그녀는 이렇게 말했다. "목사님! 지금 제가 천국에 갔다 왔어요. 주님의 나라는 아름다운 천국이에요. 나는 그 나라가 좋아요."라고 했다. "그동안 설교하신 것이 사실이었어요. 목사님 힘들어도 열심히 하세요. 나는 지금 마음이 매우 기뻐요."라고 했다.

한참 동안 말을 한 후 우리 아들 믿는 처녀 만나야 한다고 염려하며 자녀를 부탁했다. 그분의 얼굴이 창백해지더니 연이어 얼굴에 이슬처럼 땀이 조금 나다가 조용히 인생의 마지막 길을 갔다.

"너는 흙이니 흙으로 돌아갈 것이니라"(창3:19).

나와 성도들은 천국으로 가신 그분의 아름다운 모습을 보면서 천국을 향한 소망을 더욱 분명히 가지게 되었다.

임종예배가 시작되었다. "날 빛 보다 더 밝은 천국……." 그분은 그 나라에 가셔서 얼마나 좋을까? 햇빛보다 더 찬란한 천국을 보고 "나는 그 나라가 좋아요."라고 우리에게 간증하시더니…….

"또 내가 새 하늘과 새 땅을 보니 처음 하늘과 처음 땅이 없어졌고 바다도 다시 있지 않더라 또 내가 보매 거룩한 성 새 예루살렘이 하나님께로부터 하늘에서 내려오니 그 준비한 것이 신부가 남편을 위하여 단장한 것 같더라 내가 들으니 보좌에서 큰 음성이 나서 가로되 보라 하나님의 장막이 사람들과 함께 있으매 하나님이 저희와 함께 거하시리니 저희는 하나님의 백성이 되고 하나님이 친히 저희와 함께 계셔서 모든 눈물을 그 눈에서 씻기시매 다시 사망이 없고 애통하는 것이나 곡하는 것이나 아픈 것이 다시 있지 아니하리니 처음 것들이 다 지나갔음이러라"(계21:1-4).

이 말씀을 봉독하며 사랑하는 성도가 안겨 있을 주님의 품이 귀하게 느껴졌고 우리 성도들을 위해 예비하신 저 천국을 생각하면서 주님께 감사의 찬송을 드렸다. 남들처럼 아름답고 거창한

위로의 말은 없어도 평소에 아끼고 사랑하는 성도들의 찬송 소리
와 항상 듣기를 원했던 목사의 설교와 기도가 있었다. '아! 성도
여, 잘 가시오. 우리도 며칠 후 천국에서 만납시다.' 하며 예수님
없는 모임, 천국과 지옥을 믿지 않고 행해지는 예배와 설교의 목
회가 되지 않기를 다시 한 번 깨닫게 해 주신 주님께 영광을 돌
렸다.

가난과 질병에 포로된 당신 영혼은
님의 보혈로 자유 얻었구나

없어질 육체 허물어지나
영원한 영혼 새살처럼 돋아나니

가신 님 맞이하는 님의 품에서
고난이 기쁨이 된 나사로처럼
영원을 노래하여라.

아버지께
기쁨의
선물을

수많은 사람들이 만나고 헤어지면서 그리움과 추억을 만들고 과거의 선물인 현재에 몸담아 살아가고 있다. 사랑하는 사람을 잃으면 현재의 아픔과 미래의 외로움 때문에 불안해하고 또 관심과 애정은 고통의 씨앗이 되기도 한다.

동생 나사로의 죽음을 슬퍼하는 마리아의 눈물을 보신 예수님도 눈물을 흘리셨는데 무엇 때문이었을까? 몸이 아파서였을까? 아니면 나사로의 죽음을 해결하지 못해서였을까? 아니다. 그것은 그들의 슬픔, 가슴의 고통을 함께하셨기 때문이다. 사별의 아픔을 보시며 인성을 가지신 분, 참 사람의 모습을 우리에게 보여 주신 것이다. 사랑하기 때문에 함께 우는 그분의 모습 속에서 참 목자의 사랑을 느낄 수 있다.

또 집을 떠난 탕자를 기다리는 아버지의 모습 속에서 구원받은 백성들의 행복을 느낄 수도 있다. 애지중지 형제를 키워왔는데 동생이 아버지를 찾아와 자신에게 나누어 줄 분깃을 요구했다. 말하자면 자녀이니 상속받을 자격이 있고 아버지는 상속을 물려 줄 의무가 있으니 행하라고 요구한 것이다. 아버지는 그 의무를 수행했다. 그러자 그 아들은 '부양의 의무', '효도의 의무'를 저버리고 아버지의 통치를 벗어나 먼 나라로 떠났다.

아들은 처음에는 매우 자유로웠으며, 가진 재산을 사용하여 친구도 사귀었고 여자들과 함께 허랑방탕했다. 그렇게 가진 재산을 다 탕진했을 때 그 땅에 흉년이 찾아왔다. 그에게 가난이 엄습해 왔고 친구도 애인도 떠나버렸다. 그는 굶어죽을 수 없어 농장 주인을 찾아가 돼지 치는 일자리를 구했다. 너무 흉년이라 돼지가 먹는 쥐엄열매로도 배를 채우지 못하는 처절한 고통을 경험했다. 이제 그는 부잣집 둘째아들이 아닌 농장지기, 먹는 것도 넉넉하지 못한 걸인 중의 걸인이 된 것이다.

철저한 실패를 맛보면서 그는 인자하고 자신의 존재와 의견을 존중해 주던 아버지를 기억해 냈다. 그리고 아버지 집으로 돌아온다. 돌아오면서 그는 무엇을 생각했겠는가? 나에게 돌아온 분깃을 다 가지고 집을 나왔는데 아버지께서 나를 받아주실까 걱정하며 남루한 옷과 해진 신발을 신고 집을 향해 걸어가고 있다. 그런데 이것이 웬일인가? 아버지께서는 그 아들을 기다리고 계셨던 것이다. 아들이 돌아온다는 사실만으로 기뻐서 한달음에 아들을 향해 뛰어오시는 것이다.

탕자와 아버지와의 만남으로 불변의 사랑이 증명되었다. 아들은 자녀의 신분이 아닌 종으로라도 가정에 소속되기만을 원했으나 아버지는 회개하는 아들에게 자녀의 신분을 회복시켜 주었을 뿐 아니라 온 동리에 풍악을 울리고 먹음직스러운 음식을 차려 잔치를 열었다. 그저 아들이 돌아온 것만으로도 아버지에게는 큰 기쁨이 되었다. 탕자는 아버지의 사랑을 받으며 날마다 행복하였다. 멸시와 허기짐의 고통도 아버지의 큰 사랑으로 해결되었다.

많은 사람들은 '탕자를 기다려 주는 이런 아버지가 있다면 얼마나 행복할까.' 라는 생각을 하고 있다. 그러나 우리에겐 그런 아버지가 있다. 그 아버지가 있는데도 눈이 어두워 보지 못하고 돌아오지 못하고 방황하며 울고 있는 것이다. 인간을 만드신 그분, 우리에게 구주 예수님을 보낸 그분이 탕자의 아버지요, 구원받은 모두의 아버지이다.

오늘도 탕자를 부르시고 기다리시는 아버지에게 돌아올 탕자는 없는가? 기다리는 마음을 탕자에게 전하는 사람은 또 얼마나 되는가? 구원받은 우리는 탕자를 찾아 아버지의 마음을 전하고 돌아오도록 하여 아버지 가슴에 안겨주고 그 탕자가 보호받도록 해야 한다.

이렇게 가십니까

평소 친분이 두텁던 목회자의 부인이 아무도 알아보지 못한 채 3년을 누워 있다가 어젯밤에 하나님의 나라로 부름 받았다. 동료 목회자들과 조문객으로 찾아갔다. 희미한 영전에 켜 놓은 촛불이 긴 세월 지친 가족의 한 부분을 보는 것 같았다. 병풍 뒤 누워 계시는 가신 이를 생각하며 조용히 무릎 꿇고 기도를 드렸다. 저만치 놓인 자그마한 녹음기에서 나직한 음성으로 부르는 찬송소리가 들리어 귀 기울여 들어보니 고인이 평소에 잘 부르는 찬송을 녹음한 것이었다. 몇 년 전 함께 수련회 갔을 때 차 안에서 부르던 음성을 떠올리며 건강하고 명랑했던 때를 추억해 보았다.

현관 마루에 동역자들과 후배를 맞이하는 목회자의 모습에는 긴 세월 사랑을 쏟은 남편의 모습과 하나님의 품안에 영생을 믿는 믿음의 모습이 어우러져 얼굴에는 조용한 미소가 머물고 있었다. '아! 가신 이는 가도, 살아 있는 분은 잘 사셔야 할 텐데.' 하다가 '내가 저 형편이라면 어떻게 했을까.' 하는 데까지 생각이 미쳐 얼른 고개를 저었다. 언젠가는 이별을 해야겠지만 벌써부터 그런 생각을 하고 싶지는 않았다. 잠시의 생각이 기분을 이상하게 했다.

인생은 참 허무하다. 성경 말씀처럼 정말 안개와 꽃과 풀과 같다. 그런데 오늘을 사는 사람들은 천국과 지옥을 믿고 사는 것일까? 머지않아 싸늘한 시체가 되어 흙으로 돌아가게 될 텐데 그것을 위해 어떤 준비를 하고 있을까? 어두운 세상에 빠져 사니 장래의 일들에 대해 생각할 능력이 남아 있을까? 아내를 먼저 보내고 혼자 남은 목회자는 크고 작은 일, 희로애락을 누구와 나누며 지낼까?

몇 년 전 상처한 목회자가 한 말이 기억난다. "사랑을 심고 싶으나 심을 곳이 없고 행복을 가꾸어 보고 싶지만 밭이 없다."라고 말하면서 쓸쓸해 하는 모습, 자녀들이 아무리 잘해도 아내에 비할 수 없다는 말, 그것을 체험하지 않을 수 있다면 행복할 텐데 하는 마음이 든다. 왜 내 마음이 강하지 못할까? 믿음이 없어서일까? 결코 그것은 아니다. 믿음이 있는 이도 이별은 아쉽고 안타까운 일이다. 아내가 약하기 때문에 건강한 아내와 동행하는 사람들과는 다르게 민감해지는 것인지도 모른다. 그러나 스스로 위로하시는 하나님을 바라보며 사랑하는 아내에게 장수의 복을 주실 줄 믿고 생명의 주님께 기도하며, 고인 된 사모님의 영혼의 안식을 빈다.

두 종류의 죽음

우리의 육체는 하나님의 의도대로 흙에서 왔다가 다시 한 줌의 흙으로 돌아간다.

"네가 얼굴에 땀이 흘러야 식물을 먹고 필경은 흙으로 돌아가리니 그 속에서 네가 취함을 입었음이라 너는 흙이니 흙으로 돌아갈 것이니라"(창3:19).

영웅호걸, 빈부귀천, 남녀노소 없이 흙으로 돌아가는 과정은 두 가지이다. 즉 그리스도 없는 불신자의 죽음과 그리스도를 영접하고 그리스도 안에서 살다간 신자의 죽음이 바로 그것이다. 그리스도 안에서 죽는 것은 영생을 얻는 죽음이요, 영광스러운 누림의 시작인 것이다.

"내가 들으니 보좌에서 큰 음성이 나서 가로되 보라 하나님의 장막이 사람들과 함께 있으매 하나님이 저희와 함께 거하시리니 저희는 하나님의 백성이 되고 하나님은 친히 저희와 함께 계셔서 모든 눈물을 그 눈에서 씻기시매 다시 사망이 없고 애통하는 것이나 곡하는 것이나 아픈 것이 다시 있지 아니하리니 처음 것들이 다 지나갔음이러라"(계21:3-4).

하나님의 나라를 믿는 자가 가는 천국은 인간이 상상하는 이상으로 아름다운 세계이다. 그것을 알고 또 믿기 때문에 믿는 성도는 애통하기보다는 함께 찬송을 부를 수 있는 것이다. 예수님을 믿는 믿음을 가지고 죽은 사람은 눈물과 사망이 없는 곳에 있게 된다. 그곳은 애통과 눈물과 아픈 곳과 한숨이 없는 곳이다. 또 믿는 사람은 천국에서 다시 만날 수 있게 된다. 찬송가에도 "날빛보다 더 밝은 천국 믿는 맘 가지고 가겠네 믿는 자 위하여 있을 곳 우리 주 예비해 두셨네 며칠 후 며칠 후 요단강 건너가 만나리 며칠 후 며칠 후 요단강 건너가 만나리." 하지 않았던가.

그러나 예수 그리스도 없이 죽은 사람은 지옥으로 간다. 그곳에서의 고통이란 이루 말할 수 없는 것이어서 차라리 죽으려 하나 죽음도 허락되지 않는다. 이 땅에 살면서 사람들은 간혹 자살을 통하여 고통과 절망과 분노에서 벗어나고자 할 때가 있다. 그러나 자살한 후의 고통은 현실의 고통의 몇백 배가 된다는 것을 알아야 한다.

"두려워하는 자들과 믿지 아니하는 자들과 흉악한 자들과 살인자들과 행음자들과 술객들과 우상 숭배자들과 모든 거짓말하는 자들과 불과 유황으로 타는 못에 참예하리니 이것이 둘째 사망이니라"(계21:8).

만물을 창조하신 후 인간을 관리자로 세웠으나 인간이 불순종함으로 사망의 종 노릇하게 되었다. 사망의 종 노릇하는 삶이란 믿지 않고 사는 것을 의미한다. 예수 그리스도를 믿는 자는 하나님의 능력으로 사망에서 생명으로 옮겨진 것이다.

누가복음에 부자와 나사로의 비유가 나온다.

"한 부자가 있어 자색 옷과 고운 베옷을 입고 날마다 호화로이 연락하는데 나사로라 이름한 한 거지가 헌데를 앓으며 그 부자의 대문에 누워 부자의 상에서 떨어지는 것으로 배불리려 하매 심지어 개들이 와서 그 헌데를 핥더라"(눅16:19-21).

현실적인 눈으로 볼 때 부자의 생활과 나사로의 생활 어느 것이 복이 있어 보이는가? 물론 부자일 것이다. 그러나 하나님 편에서는 믿음 있는 거지가 복 있는 사람이라고 하신다. 인간의 영원한 행복은 예수 그리스도와 동행하느냐의 여부에 달려 있다.

훌륭한 조상은 유산을 많이 남겨준 분이 아니라 신앙을 자손들에게 유산으로 물려주고 가시는 분이며, 또 돌아가신 부모님께 효도를 잘한다는 것은 그 믿음을 굳건히 지키는 것이다. 부자가 지옥에서 믿음의 조상 아브라함에게 이렇게 말했다.

"내 형제 다섯이 있으니 저희에게 증거하게 하여 저희로 이 고통 받는 곳에 오지 않게 하소서"(눅16:28).

혹 우리의 부모가 믿지 않고 지옥에 가셨다 할지라도 우리만은 그곳에 오지 않도록 부자처럼 소원할 것이다. 또 우리의 부모가 천국에 계신다면 우리가 천국에 오기를 소원하며 기도하실 것이다.

아브라함이 대답하기를 "모세와 선지자들에게 듣지 아니하면 비록 죽은 자 가운데서 살아나는 자가 있을지라도 권함을 받지 아니하리라” 했다. 결국 예수님 잘 믿는 것은 돌아가신 부모님께 효도하는 것이며 나 자신이 영원히 사는 길이요, 살아 있는 동안 형제간에 화목하는 것이 또한 하나님의 뜻이며 부모님의 뜻임을 잊지 말아야 한다.

일반적으로 좋은 믿음을 가졌던 사람은 천국으로 가시며 “예수 잘 믿어라, 형제간에 화목하게 지내라.”는 유언을 남긴다. 얼마나 짤막하면서도 명확한 유언인가. “예수를 믿으라.”라는 말은 십계명의 제 1계명에서 4계명까지를 요약한 말이다. 즉 하나님이 가르쳐 주신 계명 중 제일 중요한 계명을 다시 한 번 자손들에게 부탁한 것이다. 형제간에 화목하게 지내라는 유언은 부모가 자녀에게 제일 귀중하게 남기는 부탁의 말이다. 십계명 중 제 5계명은 “네 부모를 공경하라.”인데 그 부모의 마지막 말을 공경하지 않고 어찌 효자라고 할 수 있겠는가. 참으로 위와 같은 유언은 하나님과 자신의 바람을 함께 조화시킨 것이다. 현명하고 지혜로운 교인인 부모가 남길 유언이라는 생각이 든다.

“친구는 사랑이 끊이지 아니하고 형제는 위급한 때까지 위하여 났느니라”(잠17:17).

따라서 하나님과의 관계는 물론이고 혈육과 대인관계 모두 하나님 보시기에 아름다운 모습을 이루어야 할 것이다.

넷.
목회 속에 피어난 꽃

소년
가장의
믿음

우리가 살고 있는 현실은 기뻐할 조건보다 슬퍼할 조건이 많을 수도 있다.

우리 교회 청년 가운데 소년 가장으로 10년을 살아온 4남매가 있었다. 중2 때 어머니를 여의고 고1 때 아버지 또한 저 세상 사람이 되자 4남매만 남게 되었다. 4남매 중 맏이인 딸은 가정을 보살필 수 없는 병자요, 연년생인 남동생 둘째는 대학교 4학년 졸업반이었고 셋째는 고등학교 졸업반이었다.

장녀는 둘째인 남동생이 대학을 졸업하고 다른 동생들도 고등학교 졸업하면 비록 부모님은 안 계셔도 문제없이 행복한 가정이 될 것이라고 생각했다.

그런데 대학 4학년이었던 가장 노릇을 하던 남동생이 결핵으로 고생하고, 또 자신은 2층 계단에서 굴러 떨어져 대퇴골이 부러지는 불행이 겹쳤다. 수술 후에도 걷는 데는 문제가 생길 것이라고 했다. 환경을 보면 도저히 웃을 수 없는 환경이다.

그러나 그들에게는 하나님을 믿는 신앙이 있었다. 그들은 낙심하지 않고 하나님의 선한 계획이 있음을 믿으며 기도하였다. 인간 편에서 보면 참 암담하다. 몇 개월 이상 누가 간호할 것이며, 부모(父母)도 없는데 이 엄청난 시련을 어찌 극복할 수 있을까? 그러나 기도를 들으시는 하나님을 의지하며 그분의 권세와 능력에 힘입기를 간구한 결과, 하나님은 그들에게 육체적 고난을 영적 성장의 기회로 삼는 은혜를 주셨다.

요한복음을 보면 예수님과 깊은 사귐이 있던 가정인 마리아의 가족이 있다. 그 가정에는 3남매 마르다, 마리아, 나사로가 살고 있었다. 본문에 부모님이 등장하지 않은 것으로 보아 이들만 살고 있었던 모양이다. 이 가정에 가끔 예수님도 오셔서 식사를 같이 하기도 하고 설교를 듣는 복된 집이었는데 이런 가정에도 인간이 제일 무서워하는 병이 찾아왔다. 마리아와 마르다는 오라비의 병을 고쳐 달라고 예수님께 기별을 했으나 주님은 좀처럼 오시지 않았다. 또 그 병의 결과로 마리아의 가정에 정신적, 육체적 보호의 가장인 나사로가 죽어 무덤에 장사되었다. 그의 누이들은 절망에 휩싸여 예수님이 오시기만을 기다렸지만 예수님은 자매들의 초청에 곧 응하지 않고 며칠이 지난 후 즉 나사로를 장사한 후에 마르다와 마리아를 찾아오셨다. 무덤에 장사되어 시신에서는 이미 부패한 냄새가 났으나 그리스도는 참 구주의 능력으로 마리아와 마르다의 소원을 들어주셨다. 그들은 주님의 사랑과 보호를 받음으로 이 엄청난 슬픔을 큰 기쁨으로 바꾸었다.

주님의 능력으로 죽었던 나사로가 살아났다. 이렇듯이 주님의 능력을 믿는 가정은 어떠한 형편에 있든지 자족할 수 있어야 은혜를 입는다. 기뻐할 수 없는 곳에서 기뻐하는 자, 육적으로 보면 감사의 조건이 하나도 없지만 하나님의 능력을 보며 감사할 수 있는 자가 되어야 한다.

우리는 중보기도의 위력을 알고 있다. 남을 위하여 간구하는 것이 주님을 닮아가는 길이다.

넷. 목회 속에 피어난 꽃

지금부터 약 3년 전 어느 할머니의 당황함과 울음을 보고 큰 감동을 받았다. 노인학교 예비 소집일이었다. 한 사람씩 출석을 부를 때에 자기 이름을 잊어버려 당황하다가 잠시 후 대답하시더니 흐느껴 울기 시작했다. 그후에 알아본즉 그 눈물은 이름을 찾은 기쁨의 눈물이었다고 한다. 어릴 때는 부모와 친구가 불러 주었으나 결혼한 후에는 남편에게 여보로, 자녀에게는 어머니로, 손자를 본 후에는 할머니라는 호칭으로 불리어졌기 때문이다.

이 노파는 자기 이름을 찾음으로써 옛날을 돌아볼 수 있는 마음이 열렸다고 한다. 같은 또래 노인들과 손에 손을 잡고 '고향의 봄'을 노래하며 과거의 아름다움을 돌아본 그들의 눈이 비둘기 눈처럼 빨갛게 충혈되었고, 이슬이 맺혔다. 인생고에 시달려 지친 음성이 젊음을 찾은 듯 씩씩하고 소망이 넘쳤다.

노인복지에 대하여 말하려면 노인이 누구인지 알아야 한다.

그들의 어린 시절 생활과 사회상, 그리고 문화를 이해하지 않고는 노인들을 이해하거나 만족을 주지 못한다. 지금 노인들은 이 사회에 대한 공포증을 가지고 산다고 하여도 과언이 아니다. 노인들의 눈에는 지금 세대가 하는 일이 너무 마음에 들지 않는다. 보릿고개 때 배고픔을 이기기 위하여 허리띠를 조르며 가난과 싸워서 이겨보겠다는 집념에서 열심히 일하며 근검, 절약, 검소, 인내를 생활 철학으로 살아왔던 그들에게 지금은 어떤가? 신을 수 있는 신발과 양말이 쓰레기통으로 들어가고, 명절에나 먹던 고기가 이젠 남아서 버려지고 과소비와 사치 풍조가 판을 치고 있다. 노인들의 눈에는 이 모든 것이 아깝고 가슴 아프다.

또 한 가지는 어른을 대하는 태도이다. 노인들은 과거 어른들 앞에서는 술을 마시지도 못하고, 담배도 피우지 못했고, 싸우다가도 어른이 말씀하시면 정중하게 싸움을 중단했다. 시어머니의 말이 곧 법이었던 시대를 지냈던 노인들은 젊은이가 해야 할 일에 대해 저마다의 확실한 생활 철학을 가지고 있다. 그런데 지금은 반대가 되었다.

요즘은 주부들이 영양 과다로 살이 쪄 돈 내면서 살 빼러 다니고, 시간의 여유가 너무 많아 유용하게 보낼 곳이 없어 치맛바람을 일으키며 백화점이나 다니고 영화나 연극을 보러 다닌다. 무엇보다도 어린이를 어른처럼 대우하고 어른들을 어린이처럼 함부로 대하는 요즘 세태에서 받는 스트레스가 노인들 가슴에 사무쳤다. 과거에는 차를 타도 어른을 먼저 태웠는데 이젠 외면하는 시대이다.

　　노인우대증이 나온 후 노인들의 대중교통 이용에 문제가 있다는 것을 모두가 알고 있다. 그래서 노인들은 ‘노인 우대증’ 이라고 말하지 않고 ‘노인 천대증’ 이라고 한다. 노인들은 오늘도 이렇게 말하고 있다. “우리는 안 그랬는데 정말 너무하다. 내가 어떻게 자녀를 키웠는데, 그 재산을 모으기가 얼마나 힘들었는데, 자식을 잘 키우면 호강할 줄 알았는데…….” 하면서 서운해하는 분이 너무 많다.

　　60~70년대의 효도는 맛있는 음식을 대접하는 것이었으나 지금은 아니다. 노인복지에 대하여 의식주 제공을 해 드리는 것이 노인복지의 전부인 양 말하는 것은 구시대적인 사고방식이다. 이제는 노인들의 취미 활동, 여가 선용, 노인 교육 등으로 과거와 현재 문화의 관계를 이해하고 받아들일 수 있는 정신 복지, 문화 복지에 눈을 돌려야 한다. 지금 우리의 사정은 어떠한가? 외국 복지 정책을 말하고 생각함보다 우리 가정, 우리 시(市)부터 생각해 보자.

　　먼저 우리의 가정을 돌아보자. 2년 전 우리 노인대학 학생 집으로 안부 전화를 한 일이 있었다. 그때 그 댁 자부 되는 분이 전화를 받았었다. 할머니를 바꾸어 달라고 했더니 “김장하는데 아기를 보고 있어서 안 돼요.” 하고 전화를 끊는 것이 아닌가. 누구냐 묻지도 않고 짜증스럽게 용건도 묻지 않는 자부의 태도는 보지 않아도 그가 시어머니를 어떻게 대접하며 사는지 추측이 된다. 만약 자녀에게 전화가 걸려왔다면 이렇게 말하겠는가? 그의 목소리는 지금도 노인학교를 운영하는 나의 마음에 지워지지 않고 있다. 그러나 다 그런 것은 아니다. 노인과 같이 동행하고 효도하는 가정도 있기는 하다.

그러면 우리 군포시의 경우는 어떠한가? 우리 시의 92년도 노인회 보조예산이 550만 원이라니 말이 아니다. 이것마저도 노인정으로 나오는 것이 아니라 시청에 있는 사무실 운영비라니 너무한 것이 아닌가 생각된다.

성경은 "네 보물 있는 그 곳에는 네 마음도 있느니라"(마6:21)고 했다. 이 말에 비추어 보면 노인복지에는 마음이 없는 것이다. 지역 신문에 '노인들 사회 천대 실감'이라는 전면 기사가 있었다. 그리고 사진들이 실려 있는 것을 보았다. 이런 것을 보고도 시민과 시의원들과 시장의 마음에 이 문제를 해결하려는 대책이 없다면 문제가 있다. 약 2년 전 시청에 종교 시설과 노인복지시설을 위해 토지 거래 허가를 요구했을 때에도 시청에서는 안 되는 쪽으로 법을 해석했었다.

장래를 내다보지 않고 시간만 보내겠다는 무사안일과 관료주의는 시정되어야 한다. 지금부터라도 잘하면 된다. 노인정을 깨끗하게 정비하고 사회복지과에서는 사업체에 노인들이 일할 자리를 마련하고 분기별로 노인들을 모셔 과거와 현재의 생활을 비교하고 소개하여 노인들이 사회에 참여하도록 문을 열어 주어야 한다. 우리는 이제 노령화 시대를 대비하여 노인 종합대학을 세워 노년에도 공부하며 지낼 수 있도록 해 드려야 한다.

노인들은 어린이와는 다르다. 어린이들은 꿈을 가지고 자란다면 노인은 기억을 되새김질 하다가 육은 흙으로 돌아가고 영혼은 영원한 세계로 돌아간다. 노인들은 옛 것이 좋고 어릴 때의 친구와 고향이 그리워지는 것이다. 그러므로 대공원보다는 민속촌을 찾는 것을 좋아하며 어렸을 때 즐겨 부르던 노래를 부른다. 노인들의 이런 부분을 알지 못하면 자기 열심으로 노인을 보호할 수는 있어도 노인을 위하고 이해할 수는 없다. 지식층, 부유층, 종교인, 불우독거노인들이 한자리에서 모인다는 것은 매우 어려운 일이나 부서 활동을 통하여 조화가 이루어질 수 있으리라 생각이 된다.

노인복지는 행정부나 특별한 사람, 특수 종교인만으로는 효과적으로 할 수 없다. 젊은이들의 의식에 경로사상이 있고 노인들도 자기를 찾기 위해 열심히 노력하고, 정부에서도 노인복지 정책에 심혈을 기울일 때에 가능하다.

젊은이들에게 하고 싶은 말이 있다. "노인의 씨가 따로 없다. 세월이 당신을 노인으로 만들 것이니 세월이 가기 전에 노인복지를 위해 노력하라. 노인에게 적선한다 생각하지 말고 자신이 노인이 되었을 때 받고 싶은 것만큼 심어야 한다고 생각하라."고.

이젠 의식주 문제만으로 노인 문제가 해결되는 것이 아니다. 문화복지, 체육시설, 놀이문화, 종교에 신경을 써야 한다.

공무원이나 의회에 사회복지를 전공한 사람이 있어서 노인문제를 연구하여 물질주의 복지정책 위주에서 더 나아가 문화, 종교, 내세 문제까지 관심을 가져야 한다. "아비를 구박하고 어미를 쫓아내는 자는 부끄러움을 끼치며 능욕을 부르는 자식이니라"(잠 19:26)고 했다.

믿음의
아 버 지

철부지가 주의 종이 되니 깡통처럼 소리만 요란하고 개성이 강하여 고집통이 되었다. 그때 평소에 존경하는 오창흠 목사님을 자주 찾아가 선배 목사님의 삶과 인생체험에 대하여 들으며 어찌 목회를 해나갈지도 계획하며 많은 것을 배우게 되었다.

조그마한 교회에서 열심히 목회하며 기도하는 후배들에게도 배우고자 하시는 그 아름다운 인격은 나에게 두 가지 생각을 하게 하였다. '왜 양보만 하고 참고 살아야 되나.' 하는 것과 또 '저렇게 사는 것이 참 목사로 사는 방법이구나.' 하는 것이었다.

목사님께서는 성전 건축의 결단을 내리고 이것을 실행으로 옮기셨다. 아담한 성전이 건축되자 은퇴 의사를 밝히고 곧 후임자를 선정하고 그 교회 사택을 나와 조그만 연립주택으로 이사하셨다. 그 연립주택도 은행에서 융자를 해 주어 겨우 임대비를 마련할 수 있었다.

그분은 늘 "하나님! 자녀들에게 짐이 되지 않도록 빨리 하나님 품으로 가게 해 주세요."라고 기도했다. 상처한 후 두 번째 맞은 사모님도 다리가 아파서 목사님의 뒷바라지를 잘 할 수 없었으며 연로하신 목사님 자신도 아파서 고통스러워했다. 그러나 밖으로 내색하지는 않으셨다.

나는 자주 목사님을 모셔서 설교를 부탁드리려고 했으나 사양하셨다. 그 당시 내가 사역하는 교회도 매우 어려웠는데 그걸 아시고 나를 도와주지 못해 오히려 마음 아파하셨다.

나는 은퇴한 후의 목사님들의 어려움과 노인으로서의 외로움을 자꾸만 생각하게 되었다. 그리하여 노인학교를 시작하기로 했다. 초대 교장으로 오 목사님을 모실 예정이었으나 끝까지 사양하셔서 내가 교장직을 맡고 오 목사님은 교육담당 목사님이 되셨다. 노인학교를 시작하니 30-40명의 노인분들이 참석했다. 그때 오 목사님의 강의는 눈물겹도록 진지했다. 학생들은 월요일이 되기만을 기다리는 듯했다.

평소에 시간을 내어 아내와 함께 자주 오 목사님을 찾아뵈었다. 우리가 돌아갈 때면 아픈 다리를 이끄시고 차 타는 곳까지 오셔서 손을 흔들며 눈물을 흘리시곤 했다. 그 인자하신 모습이 어릴 때부터 아버지의 사랑을 받지 못한 나에게는 눈물이 나도록 감사한 것이었다.

목회가 너무 힘들어 "목사님! 나 교회에서 신임 투표하고 싶다하면 그만두고 멀리 가서 다시 개척할까요?" 했더니 "너 교만해서 그렇다."고 꾸중하시며 집에 오지 말라고 하셨다. 나는 힘

잃지 않고 열심히 해보겠다고 다짐하고서 그 자리를 벗어나 집으로 돌아왔으며 기도하며 환경을 이겨 나갈 힘을 얻었다. 이것은 하나님께서 나에게 주신 힘이며 하나님이 입히신 은혜였다. 믿음의 아버지의 책망은 나로 하여금 자신을 돌아볼 뿐만 아니라 하나님께 한 번 더 기도할 수 있는 계기가 되었다. 믿음으로 사는 선배들을 만난다는 것은 매우 큰 축복이라는 생각이 들었다. 며칠 후 목사님을 다시 찾아뵈니 그때에 목사님은 나에게 이렇게 말씀하셨다. "권 목사! 부인 사랑해 주라, 목회하는 데는 여자의 역할이 매우 중요하다." 하셨다. 또 웃으시며 "내가 죽으면 마음에도 없는 자들이 주장할 테니 너는 왔다가 그냥 가지 말고 끝까지 따라오너라." 하셨다. 나는 "목사님 별 말씀을 다하세요."라고 대답했다.

그후 며칠이 못 되어 충격적인 일이 생겼다. 다름 아니고 오 목사님이 교통사고로 돌아가셨다는 비보가 날아온 것이었다. 병원에 도착했을 때 이미 목사님은 하나님의 품 안에 안겨 계셨다. 부고를 듣고 모여든 많은 조문객들을 보니 원망스럽기도 했다. 이처럼 많은 사람들이 오 목사님을 존경했으면서도 그토록 외롭게 지내게 해야 했는가? 살아 계실 때 찾아뵈어야지 돌아가신 다음에 와서 얼굴만 삐쭉이 보이고 가는 것은 잘못된 것이라는 생각이 들었다. "권 목사! 목회할 때는 찾아오는 사람도 많고 아들 하겠다고 하는 사람도 많았는데 은퇴하고 보니 아무도 찾아 주는 자가 없다. 학교 제자는 찾아와도 성도는 찾아오지 않는다." 하시며 주님이 친히 당하신 고통을 뼈 속 깊숙이 새기시던 모습이 문득 떠올랐다.

장례식 날이 되어 평소에 사랑했던 덕장교회에 들어서니 고급 승용차들이 온 마당을 메웠다. 내가 타고 간 15인승 차가 너무나 낡아서 집사들이 다른 교인들에게 부끄러웠는지 나에게 "목사님 죄송합니다. 나중에 차 바꾸어 드릴게요." 했다. 노회장으로 장례식이 치러졌다. 설교가 끝나고 연혁이 소개되고 녹음테이프 육성의 설교가 잠시 들려졌다. 그 테이프는 '하나님의 허락'이란 제목으로 우리 교회 헌신예배에 오셔서 설교하신 내용을 녹음하여 제공한 것이었다. 살아계실 때는 아버지처럼 모시며 지냈는데 돌아가신 후에는 내가 설 자리가 없었다. 나는 살아생전에 "너는 내가 죽거든 왔다가 그냥 가지 말고 장지까지 따라오라."고 하시던 말씀이 생각나서 장지에까지 가기로 했다.

나는 오목사님을 믿음의 아버지로 섬겼으며 노인학교에서 일하시도록 하여 보람 있는 노년을 지내시도록 해야겠다고 생각하였고 오목사님도 부족한 나의 마음을 받아주시어 믿음의 아들로 삼아 주셨다. 아마도 이것이 이심전심(以心傳心)일 것이다.

하관예배가 드려질 때 집례하시는 목사님께서 기도를 부탁하셨다. 좌우를 살펴보니 목사님 따님들과 사위들뿐이어서 나는 그 자리가 아들의 자리임을 알아 기도를 했다. 살아 계실 때 더욱 잘 모시지 못함을 안타까워하며 집으로 돌아와 목사님의 시 한 편에 담겨 있는 그 깊은 삶의 철학을 다시금 되새겨 보았다.

고목매화

(故) 오창흠 목사

고목나무 큰 떨기에 은은히 핀 흰 매화야
애나무 고운 가지에 빈틈없이 핀 꽃보다
오랜 세월 갖은 풍설 다 겪고 난 몸이기에
믿음직도 하고 속속들이 향기롭다

주님 따라 피는 길에 눈물은 그 얼마며
헐벗고 굶주림에 지샌 밤은 몇 번인고
주님만 보시기에 아름답게 보이려고
평탄하고 아름다운 들판을 마다하고
험하고 험한 준령에 외로이 피었구나

외로움 그 자태는 주님 생전 그 자태요
은은한 그 향기는 삼천리를 진동해
세상 봄 다 지나 그 꽃이 떨어져도
그 새나라 새땅 위에 곱게 곱게 다시 피리.

부모의 사랑까지 변한다면

자식들도 못 믿을 세상이 되어버렸다고 탄식하는 사람들이 많아졌다.

부모를 공경하려고는 하지 않고, 오로지 부모가 남겨줄 유산에만 눈독을 들인다는 것이다. 일단 유산을 다 물려준 후에는 서로 모시지 않으려는 자식들 사이에서 이리저리 밀려다니는 신세가 된다고 한다. 그래서 죽기 전에는 절대로 재산을 물려주지 않기로 했다고 한숨을 쉬며 말하는 노인들도 있다. 슬픈 일이다.

옛부모들은 자녀가 잘되는 것을 바라보는 것만큼 큰 즐거움이 없었다고 했다. 열심히 일해서 어떻게든 자식들 잘 키워보겠다는 희망을 가지고 살던 우리의 부모, 자식 대에는 고생시키지 않겠다고 허리띠를 졸라매며 자신을 희생하던 부모님의 사랑.

"부모는 배고파 죽고, 자식은 배 터져 죽는다."라는 속담도 있지 않았던가. 하지만 이제는 세태에 밀려 그 부모의 사랑까지도

퇴색해 버렸다. 누구의 책임이겠는가?

지금 60세 이상인 세대는 배고픔의 세대였다. 그때는 인사나 혹은 사랑의 표현도 "많이 먹어라", "식사하셨습니까?" 등 식생활과 관련되어 있었고, 음식의 맛보다는 양이 중요했으며, 몸의 아름다움보다는 일할 수 있는 힘을 추구했다. 배가 나온 사람을 사장이라 하여 모두가 부러워했으며, 며느리를 고를 때도 몸집이 좋은 처녀를 선호했으며 학벌보다는 가문에 더욱 관심이 있었다. 배고픔을 이기기 위해 무단히 노력했으며 근검절약과 부지런함을 미덕으로 평가했다.

그러나 지금 세대는 그런 부모세대를 인정해 주지 않는다. 무슨 일이든 자기중심적이다. 자신의 2세를 위해서 교육보험을 들고, 자신의 노후를 위해 미리부터 준비를 한다. 보기에 좋은 날씬한 몸매를 원하고, 가풍보다는 가시적인 학벌을 더 중요시한다. 음식의 양보다는 맛을 추구하고, 사치와 낭비로 자신을 과시하려고 한다. 풍부한 영양공급이 비만과 타락을 부르고 "운동해라. 살빼라. 적게 먹어라."는 인사가 보편화되었다. 이런 엄청난 괴리를 극복할 힘이 노인들에게는 없다. 젊은 시절, 자식들을 위해 헌신했었던 것은 그저 당연한 의무일 뿐, 이제는 어떤 감사와 존경을 받을 수 없게 되어버렸다는 것을 깨닫고 그런 자식들의 사고방식에 당황할 뿐이다.

자녀들에 대한 사랑으로부터 점점 멀어지고 자신이 땀 흘려 번 돈을 물려주고 싶어 하지도 않게 되었다. 물질의 힘이 없이는 더 이상 부모의 권위를 지킬 수 없다는 판단을 하게 되었다. 그

허탈감과 상실감을 이해할 수 있다. 그리고 이렇게 변해버린 세상이 참으로 원망스럽다. 그러나 아무리 세태가 험악하고, 자식들이 부모를 향해 등을 돌린다고 해도 부모는 자신의 위치를 끝까지 지켜야 한다고 생각한다. 자식을 사랑하고, 신뢰해 주는 것이 부모의 도리가 아닌가. 또, 자녀들은 이제라도 부모님께 감사하는 마음을 찾아야 옳다. 혹 부모님의 생각이 자신들과 다르다고 해도 그것을 이해해야 한다.

사회환경이 변했고, 가치관이 변질되었다. 그러니 서로 다를 수밖에 없다. 지금 온갖 정성을 다해서 키우는 그 자녀도 언젠가 성장하여 부모를 이해하지 못하는, 자신들과 똑같은 자녀가 될 수도 있다는 것을 잊어서는 안 된다. 불효하는 부모에게 효자가 태어날 수는 없다. 물은 반드시 아래로 흐르도록 되어 있지 않은가. 자신의 발등을 찍는 그런 어리석은 행동은 하지 말아야 한다.

우리의 부모님이 지금 이 순간 서운하거나, 혹은 불편한 곳은 없는지 살펴보아 우리 모두가 부모를 기쁘게 하는 자녀가 될 수 있기를 소망한다.

참된
사 랑

추석은 설날과 함께 우리 민족의 최대의 명절이다. 믿음의 식구들은 오곡백과를 주신 하나님께 감사하며 예배하는 날이다. 우리 조상들은 만물의 주인이신 하나님을 알지 못하고, 모든 감사를 선조들의 은공으로 생각하여 감사의 뜻으로 과일과 곡식의 첫 열매로 선조께 차례를 지낸다. 그것이 우리나라의 풍속으로 자리 잡은 지 오래다.

그러나 선교사를 통하여 하나님이 어떤 분이신지 알게 된 후로는 천지를 창조하시고 우리의 조상을 만드신 하나님께 풍성한 오곡백과를 주신 것을 감사하는 예배를 드리게 되었다. 그것은 하나님의 뜻일 뿐 아니라 세상을 떠나신 부모님의 소원이기도 하다.

누가복음에 보면 부자와 나사로의 비유가 나온다. 부자는 호화로이 연락하고 거지는 부자의 상에서 떨어지는 부스러기를 먹으며 육신의 생명을 이어갔다. 누가 보아도 부자는 행복했고 거지는 불쌍한 자로 보였다. 이 두 사람 모두 인생의 종말을 맞이하여 육은 흙으로 돌아갔다. 그러나 영혼의 갈 길은 판이하였는데 부자는 믿음이 없이 살았으므로 그 영은 지옥에 갔고 거지는 비록 가난하게 살았지만 예수님을 믿고 구원을 얻었으므로 천국에 가게 되었다. 부자의 마지막이 영원한 형벌이라면 나사로의 마지막은 영원한 누림이다. 그때 지옥에 있는 부자는 이렇게 말했다.

"내 형제 다섯이 있으니 저희에게 증거하게 하여 저희로 이 고통받는 곳에 오지 않게 하소서"(눅16:28).

믿지 않고 세상을 떠난 조상들도 자녀들이 믿음 생활하는 것을 바라고 있으며 그렇게 해드리는 것이 바로 효도이다. 지방 써 붙이고 절하는 것보다 온 가족이 한 자리에서 예배를 드리는 것을 기뻐하신다. 우리는 이 추석을 통하여 하나님께 감사 예배를 드리고 다시 한 번 형제의 우애를 다짐해야 한다. 좋은 친구와 좋은 이웃으로 복되게 살면서 하나님께 감사드리는 생활을 우리 조상들도 바라는 것임을 알아야 한다.

친구와 형제는 인간관계의 주를 이룬다. 좋은 친구는 어려울 때나 좋은 때나 계속 사랑을 유지하고 교제하는 친구이다. 그러므로 작은 일과 이권 문제로 빨리 변질되는 우정과 끊어지는 사랑은 참된 친구와 형제 관계라 할 수 없다.

옛날이야기에 많은 친구들을 사귀고 있는 아들이 그 일로 자기가 하는 일에 몰두하지 못해 아버지는 "너의 진실한 친구가 얼마나 있는데 그토록 시간을 허비하느냐!"고 꾸중을 했다. 그 아들은 몇 명 친구의 이름을 대면서 같이 죽을 수 있는 친구라고 했다. 이에 아버지는 아들에게 돼지 한 마리를 잡아 가마니에 싸 짊어지도록 했다. 그리고 밤 12시가 넘어 친구 집에 가서 "내가 본의 아니게 사람을 죽였으니 이것을 매장하는 데 협력을 하고 삽을 빌려 달라고 부탁하라." 하고 아버지는 아들의 뒤를 따라갔다. 아들은 자신만만하게 가마니를 짊어지고 제일 친하다고 생각한 친구에게 가서 부탁했다. 아들은 친구들에게 모두 외면을 당했다. 그때에 아버지가 돼지를 싼 가마니를 아들에게 달라 하여 짊어지고 아버지의 친구에게 갔다. 그 친구는 깜짝 놀라서 입을 다물도록 하고 부인이 알까 봐 쉬쉬하면서 삽을 가지고 산으로 함께 갔다. 그때 아들이 아버지 친구의 우정과 사랑에 대해 감격하고 참된 친구는 어려울 때 알 수 있다는 것을 깨닫게 되었다고 한다.

그리스도 예수는 우리의 친구요, 그의 사랑은 영원히 끊이지 않는다. 하나님은 믿음의 식구들을 형제가 되게 하셨다. 그 형제는 좋은 때보다 위급할 때 서로 도우라고 인연을 맺게 하셨다. 그리스도의 피로 맺어진 형제들은 서로 위급할 때 도와야 한다. 물론 육신의 형제들도 가난, 사업실패, 질병 등으로 고생하는 것을 보면 도와주어야 한다.

형제들 간에 등진 가정을 종종 본다. 좋을 때는 잘 지내다가 어느 형제가 위급할 때 외면하므로 이웃보다 못한 형제가 될 때도 있다. 형제가 어려움을 당할 때 외면하는 것은 하나님이 보내신 목적을 어기는 것이기 때문에 죄다.

일본에서는 가족과 떨어져 외롭게 사는 노인들이 돈을 주고

169

가족을 빌려 함께 식사하는 경우도 있다고 한다. 하나님께서는 한 사람만 창조하시지 않고 남자와 여자를 만드셨다. 서로 돕고 누리며 살도록 축복하신 것이다. 젊었을 때 자녀가 없다면 얼마나 고통스럽겠는가? 노년에 친구가 없고 형제가 없고 자녀가 없다면 얼마나 쓸쓸하겠는가?

믿음 있는 친구에게 신앙의 유익을 주고 천국까지 동행하는 친구와 끊임없는 사람을 유지해야 한다. 어려움을 당하는 형제가 있으면 함께 그 어려움을 나눌 각오가 되어 있는가? 그렇다면 즐거운 생을 살게 될 것이다.

"다윗이 사울에게 말하기를 마치매 요나단의 마음이 다윗의 마음과 연락되어 요나단이 그를 자기의 생명같이 사랑하니라"(삼상18:1).

다윗에게 요나단 같은 친구가 되길 바란다. 마음과 마음이 연락되는 우정에는 장래가 있고 그 우정으로 자녀가 은혜를 입는다.

불의한 요셉의 형제들에게 요셉이 사랑으로 대했던 것처럼 참으로 큰 기쁨을 누리길 바란다. 만일 이미 돌아가신 부모님이 우리에게 오신다면 무엇이라 유언하시겠는가? 제일 먼저 천국으로 가도록 예수 그리스도를 믿으라고 할 것이다. 이것은 천국에 계신 분이나 지옥에 있는 분 모두의 소원일 것이다. 부모님의 사랑은 자신들은 고통을 당해도 후손과 형제들만이라도 고통받기를 원치 않는 것이다. 이것은 부자가 지옥에서 빈 소원을 보아서도 알 수 있다. 또 유언하신다면 형제들이 혈육이 하나되어 행복하게 살라고 할 것이다. 다음으로는 내가 이 땅에서 이루지 못한 일을 잘 이루고 인생을 보람 있게 살라고 할 것이다.

상대의 유익보다는 자기에게만 유익하게 하고 내 가정의 유익만을 구하던 이전의 모습을 회개하고 이제는 주님의 교훈대로 이웃을 내 몸과 같이 생각하고 살아야겠다. 우리 믿는 성도들의 가정에는 예수 그리스도께서 왕이 됨으로 참된 행복이 넘칠 수 있다.

"자녀들아 너희 부모를 주 안에서 순종하라 이것이 옳으니라 네 아버지와 어머니를 공경하라 이것이 약속 있는 첫 계명이니 이는 네가 잘되고 땅에서 장수하리라"(엡6:1-3).

이 말씀에 귀 기울이며 행복을 꽃피워 보자.

사람이 살아가노라면 나름대로 안타깝고 억울하다고 느낄 때가
있다. 악한 사람은 악한 사람대로 선한 사람은 선한 사람대로 그
런 심정들을 호소한다. 몇 년 전, 사람을 잡아 살아 있는 채로 매
장했던 살인범이 신혼부부를 죽이지 않고 살려 보내서 그만 완전
범죄에 실패했다는 방송을 보았다. 또 '지존파'라는 이름 아래 모
인 젊은 청년 몇 명은 자체 화장터까지 갖추어 놓고 살인극을 벌
이다가 경찰에 체포되었는데 그들은 더 많은 '야타족'을 죽이지
못한 것이 한이 된다는 말을 했다.

이런 흉악 범죄자들이 자신들의 뜻을 이루지 못했으니 피해
자라고 주장하는 모습을 보면서 사람의 가치관이 얼마나 무서운
것인가 하는 것을 새삼 느꼈다. 이들의 주장을 들어보면 자신들
이 흉악한 범인이 되도록 돈 많고 권력 있는 사람들이 원인을 제
공했다는 것이다. 돈도 없고, 배경도 없어 스스로 해결하려고 하

다 보니 무고한 생명이 희생을 당하게 되었다는 것이다. 힘없고 돈 없는 사람들이 짓밟히는 세상이다 보니 이런 터무니없는 일들이 세인의 주목을 받게 되는 것이다.

95년 3월 둘째 주일 저녁에 한 성도의 안타까운 사정을 들었다. 내용인즉 시골에 계신 모친이 안산의 자녀 집에 다녀가시다가 교통사고를 당했다는 것이다. 타고 있던 버스가 급정거하는 바람에 넘어져 안산 작은 병원에서 치료를 받고 있는데 이젠 더 치료할 수 없으니 퇴원하라고 한다는 것이다. 환자는 상처 난 부분은 없지만 통증이 있어서 무작정 퇴원하기엔 왠지 두렵고, 자녀들 생각도 좀 더 치료했으면 하는 마음이 들었지만 보험회사와 병원측에서 완강히 반대한다고 한다. 보험회사에서는 20만 원 줄 테니 합의를 보자고 하는데 어떻게 했으면 좋겠느냐고 내게 물었다.

그저 착하기만 한 이 가정의 문제를 어떻게 해결해야 할지 난감했다. 노인이 이 사고의 후유증으로 계속해서 고통을 당하게 된다면 얼마나 가슴 아픈 일인가? 매스컴에서조차 "교통사고 환자 가운데 가짜 환자가 많다."며 힘 있는 이들을 위한 대변자처럼 이야기하고 있다.

힘 있는 보험회사들이 매스컴을 빌려 교통사고 환자를 나무라지만, 진짜 환자까지도 함께 피해를 입히는 부분은 왜 간과하고 있는지 모르겠다. 소수의 가짜 환자로 인해 진짜 환자까지 외면을 당하는 것은 매우 안타까운 일이다. 현대의 불신 풍조가 이를 조장하고 있다는 것을 모르는 것은 아니지만 이 총체적 불신을 마냥 탓하고만 있을 수만도 없는 노릇 아닌가, 불신풍조를 없애고 좋은 환경을 만들려면 먼저 상대방의 입장에서 생각해보는 마음을 가져야 한다. 피해자가 때로는 가해자가 될 수도 있다는 것도 잊어서는 안된다.

"비판을 받지 아니하려거든 비판하지 말라 너희의 비판하는 그 비판으로 너희가 비판을 받을 것이요 너희의 헤아리는 그 헤아림으로 너희가 헤아림을 받을 것이니라 어찌하여 형제의 눈 속에 있는 티는 보고 네 눈 속에 있는 들보는 깨닫지 못하느냐 보라 네 눈 속에 들보가 있는데 어찌하여 형제에게 말하기를 나를 네 눈 속에 있는 티를 빼게 하라 하겠느냐 외식하는 자여 먼저 네 눈 속에서 들보를 빼어라 그후에야 밝히 보고 형제의 눈속에서 티를 빼리라"(마7:1-5).

열매를 보면
나무를 안다

올해도 풍년이다. 농부들의 수고가 헛되지 않아 곡식이 잘 영글어 추석명절에 고향을 찾은 이들의 마음을 평안하게 한다. 가을은 결실의 계절이고 위로의 계절이며 은혜 보답의 계절이다. 그리고 부끄러움의 계절이고 게으른 농부의 후회의 계절이기도 하다. 열매가 없는 사람은 '봄에 일을 더 많이 할 것을, 더 씨를 뿌릴 것을……' 하고 후회를 하기 때문이다. 나도 과거를 후회할 때가 있다. 젊었을 때 더 열심히 공부할 것을, 야산이라도 사서 나무를 심고 청소년들도 더 많이 키웠더라면 좋았을 것을 하는 생각을 한다. 열매를 보니 과거가 보이고, 가을을 보고 나서야 봄이 기다려진다는 것이 삶의 원리인가 보다.

"나무도 좋고 실과도 좋다 하든지 나무도 좋지 않고 실과도 좋지 않다 하든지 하라 그 실과로 나무를 아느니라"(마12:33).

추수를 해 본 경험을 가진 사람은 봄을 헛되이 보내지 않는다. 씨 뿌림과 추수는 서로 비례한다는 것을 알기 때문이다. 열매는 사람을 바꾸어 놓는다.

자연의 법칙뿐 아니라 인생의 법칙도 마찬가지이다. 잘못된 사회를 통해 만들어진 열매들을 살펴보면 후손에게 재산을 물려주려는 노인들의 의식은 자식들에게 재물의 쓰임을 잘못 알려주는 계기를 만들 뿐이다. 희생하지 않으려는 젊은 사람들의 의식은 수고를 알아주지 않는 사회의 잘못된 통념에서 비롯된 것이다. 범인을 신고해 보니, 법을 지켜보니, 원칙을 고수해 보니 손해 보더라는 의식은 법을 잘못 적용함으로 법 정신을 잃어버린 사람들이 만들어 놓은 열매이다.

"무엇을 심든지 그대로 거두리라"(갈6:7)는 말씀은 진리다. 말한 마디나 혹은 작은 행동 하나가 가정을 세울 수도, 파괴할 수도 있으니 각별히 조심하면서 예수님의 말씀을 따라 살아야 한다.

요즘에는 불신자의 정서를 무시하는 전도의 방법, 돈 버는 방법을 바르게 지도하지 못하는 무능한 목사들의 모습, 하나를 보고 열을 평가하려는 미숙한 판단으로 인해 생기는 문제들이 많이 거론되고 있는 실정이다.

장님이 과수원에 들어가 과일을 따는데 썩은 것이 손에 잡혔다. 그러자 그는 돌아서서 이 밭의 사과나무가 다 썩었다고 욕하고 돌아섰다고 한다. 요즘에는 이같이 경솔한 사람이 많다. 자신이 만난 목사나 신자, 특정지역의 교회에 대한 경험으로 기독교 전체를 평가하는 것이 하나의 문화가 되다시피 했다.

우리는 이와 같은 지식에서 해방되어야 한다. 예수님을 잘 믿는 사람들의 삶을 보면 아름다운 마음이 보인다. 좋은 사람은 얼마든지 많다. 한 알의 밀알이 썩어야 한다는 말씀은 단순한 희생을 요구하는 것이 아니라 많은 열매 맺기를 기도하는 마음인 것이다.

맑게 갠 12월, 신도시 아파트 숲 사이로 수많은 사람들이 활보하고 있다. 그들은 어디에서 와서 어디로 무엇을 향해 저렇듯 바쁘게 달려가고 있는 것일까. 예전에 이곳에 살던 사람들은 지금 어느 곳에서 무엇을 하며 어떤 시간을 보내고 있을까? 인생은 고해를 떠도는 수많은 작은 배들일 뿐 도착지도 모르는 채 그저 흘러갈 뿐이다. 아파트 입구에 조성된 작은 공원에 칠십이 넘어 보이는 노파가 허름한 한복차림으로 옆에 몽당지팡이를 내려놓고 무표정한 얼굴로 멍하니 앉아 있다. 왜 혼자 나와 계신 걸까? 혹시 사랑하는 남편을 잃은 것은 아닐까? 아니면 옛날 어린 시절이 그리워 회상하고 있는 것일까? 며느리 혼자 있는 집에서 눈치나 보는 것보다 공원에 심겨진 나무들과 지내는 것이 편해서일까? 고향에 가고 싶어 울고 있는 것은 아닐까? 노파를 보고 있으니 초겨울의 쓸쓸함이 가슴을 파고든다.

고향은 부모님이 계시고 혈육의 정과 옛 추억이 있는 곳이다. 그러나 머리에 살구꽃 피는 연세가 된 지금 저 노파의 고향은 모두 사라지고 없을지도 모른다. 멱 감고 고기 잡던 개울은 오염되어 썩은 냄새가 나고, 젊은 아낙들이 손 벌려 시원한 물을 마셨던 박샘도 물장수들의 지하수 개발로 말라버렸을 것이다. 그뿐인가! 부모님이 물려주신 선산과 논밭조차 아파트촌으로 변했으니 이젠 추억을 느낄 만한 곳도 없지 않은가? 땅값 받아 아파트 사고 보니 가깝고도 먼 이웃 때문에 더욱 외로움을 느낄 것이다. 정든 땅, 정든 이웃이건만 마음은 이미 떠나버렸으니 그 헛헛함이 오죽할까.

며칠 전에는 자식들과 말다툼 끝에 화를 이기지 못하고 아파트 16층에서 노파가 투신자살을 한 사건이 보도된 바 있었다. 이것은 고향을 잃은 서러움이 노파로 하여금 스스로 목숨을 끊게 한 것이다. 노인들만 고향을 잃었는가? 아니다. 대부분의 사람들이 고향을 잃었다. 젊은이들도 정둘 곳이 없어 방황하고 있다. 이 동리 저 동리 옮겨 살다보니 어느 곳에도 정붙이지 못하고, 혼자만의 성에서 지내는 이들도 많다. 믿는 성도들도 삶에 만족을 얻지 못하고 이 교회 저 교회를 돌아다니며 본향인 천국을 그리워한다. 그뿐인가, 예수님 외에 다른 길을 찾으려는 사람도 적지 않다. 내가 목회하는 교회에도 함께 신앙생활 하다가 떠나버린 성도들이 있다. 화가 나서 훌쩍 떠나가기도 하고, 순수하지 못한 이들의 유혹을 받기도 하고, 직장 따라가기도 했지만 그들이 또한 내 그리운 고향이라는 생각이 든다.

또 학생, 청년시절을 함께 했던 교회와 목사님이 그리운 고향이다. 목사님은 천국으로 가셨지만 철부지인 날 바울처럼 지도해 준 은혜를 잊지 않고 있다. 그때 함께 청년회 활동을 했던 형제들은 모두 중년이 되었다. 포동포동하고 꿈 많던 청년 때의 모습은 어디론가 사라지고 세파에 시달려 주름살과 흰머리만 남았지만 추억하는 것만으로도 사뭇 감회가 깊다.

성경은 인생이 잠시 있다가 없어지는 들풀과 같다고 했다. 또 안개와도 같다고 했다. 그리고 모두 본향인 천국을 향해 가는 나그네라 한 것을 보면, 이 땅에서의 참기쁨과 소망 그리고 행복은 본향인 천국을 확신할 때만 가능한 것이라고 믿는다. 꿈이 있는 사람에게는 현재의 고통 가운데서도 범사에 감사할 수 있는 넉넉한 마음이 생기는 법이다.

그래서 난 새로운 각오를 해본다. 교회를 성도의 가정이요, 마음의 고향이 되게 해야 한다고 말이다. 포근하고 따뜻한, 엄마와 아빠의 교훈이 있는 그런 곳이 되어야 한다. 새로운 주거단지의 생성과 산업화·도시화 현상으로 고향을 잃어버린 사람들에게 교회가 마음의 고향이 되게 하는 것이다. 즉 혈육의 정을 느끼고 우정을 느끼고 아름다운 추억을 만들고 편안한 휴식을 나눌 수 있는, 병아리가 느끼는 어미닭의 품안 같은 곳이 되어야 한다.

그래서 조용히 손 모아 기도드렸다. 고향 잃은 나그네에게 고향을 만들어 주고, 허기진 배를 채워주고, 긴 머리 손질해 주며, 이야기를 들어줄 수 있는, 노인을 위한 복지시설을 만들 수 있게 해달라고……

나오미와 룻을 보시오

사람들마다 얼굴이 다르고 개성이 다르다. 어쩌면 완전한 동질보다는 서로 다른 개성들이 아름다운 조화를 이루어 가는 과정 속에 행복과 기쁨이 있는 것인지도 모른다. 그렇지만 서로에게 어떤 도움도 될 수 없을 뿐더러 오히려 불편한 사람과 함께 지낸다면 그것처럼 괴로운 일도 또한 없을 것이다.

며칠 전, 요란한 전화벨 소리에 뛰어가 받아보니 교회의 한 성도가 울먹이는 목소리로 "목사님 저에요." 한다. 시집살이로 늘 힘에 겨워하던 성도였는데, 요즘엔 시어머니가 직장을 구하라고 성화를 댄다며 조심스레 상담을 해 온 것이다.

부엌에 가면 며느리 말이 옳고 방에 가면 시모의 말이 옳다는 옛말이 있다.

시대는 자꾸 빠르게 변화하고, 그러다보니 신·구세대의 생각 차이는 점점 현격해지지만 전통을 무시할 수도 없는 일이다. 한 며느리의 고통이 이해는 되지만 그렇다고 시부모님이 잘못하는 거라고 그 편을 들어줄 수도 없는 일이다.

"네 아버지와 어머니를 공경하라 이것이 약속 있는 첫계명이니"(엡6:2)라는 성경말씀을 들려주며 공경에는 조건이 없으니 혹 이해할 수 없더라도 참아야 하며, 부모님이 정 원하시면 직장을 가질 수 있도록 애써보라는 말로 전화를 끊었다.

이렇듯 고부간에 갈등을 겪고 있는 가정들이 꽤 있다. 소리 없는 총이 있으면 죽이고 싶을 만큼의 미움을 감추고 가족이라는 이름으로 살아가는 사람들을 본 일도 있다. 물론 소문난 효부들도 많지만 그렇게 조화를 이루며 살아가는 일이 쉽지는 않은가 보다. 내 딸 귀하면 남의 딸 귀한 줄도 알 텐데, 시집간 딸은 위할 줄 알면서 결혼해 온 며느리는 왜 친딸처럼 대해 줄 수 없는 것인지. 함께 살다보면 서운한 일이 있는 것이 당연한 일일진대, 그걸 뭘 흉이라고 떠들고 다녀서 아들 며느리를 불효자로 만든단 말인가. 또 며느리도 친정어머니가 나무라는 말은 아무렇지도 않으면서 남편을 키워 지아비로 준 시모의 말은 뭐 그리 가슴에 못이 되고 서운하다는 것인지 알다가도 모를 일이다. 그 사이에 끼어서 고통스러워하는 사람에 대해서는 생각이라도 해보는 건지.

그런 모습이 가정에만 있는 것은 아니다. 사회에도 있고, 사랑을 강조하고 좋은 말씀만 전하는 교회에도 있다.

시어머니와 며느리의 가슴 뭉클한 사랑의 이야기를 만들어 보자.

입장을 바꾸어 생각하면 어려울 것이 없다. 상대 입장에서 일을 처리하는 훈련을 스스로 해 보는 것이다. 그 일을 가장 잘해 낸 사람이 '나오미와 룻'이다. 시어머니인 나오미는 항상 며느리의 장래를 염려했고, 며느리 룻은 남편은 잃었지만 하나님이 주신 인연으로 알고 시어머니를 잘 공궤했다. 그렇게 해서 가장 행복한 관계가 되고 믿음의 조상 다윗의 조모가 되지 않았는가. 이 얼마나 귀한가.

구원받은 무리의 모임인 교회도 예수님 입장에서 생각하고 부패한 인간의 시행착오를 인정하고, 용서하는 마음이 필요하다. 목회자나 성도 입장을 바꾸어 생각해 보아야 하며, 함께 기도해야 하고, 서로의 은사에도 충실해야 한다. 가정에서는 조화를 이루고 그리스도 안에서는 완전한 법, 무오한 말씀에 순종해야 한다. 말씀에는 타협이 없다. 자신의 주장을 관철시키려 하거나, 자신의 행위나 삶이 진실하지 못하여 오는 죄책감을 인위적인 방법으로 해결하려 하면 안 된다. 하나님의 말씀 앞에서는 '예'만 하는 것이 조화의 기본이다. 하나님 아들 예수님은 개성파 제자들에게 "아무든지 나를 따라 오려거든 자기를 부인하고 자기 십자가를 지고 나를 좇을 것이니라"(마16:24) 하시지 않았는가.

교회와 노인학교

한국은 이제 기독교 전파 2세기를 맞았다. 기독교는 그동안 질적뿐만 아니라 양적으로도 꾸준히 성장을 거듭해 왔으며 현재는 전체 인구의 1/4이 기독교인이라는 통계가 나와 있다. 그리고 그 중에는 노인이 차지하는 비율도 상당하다고 한다. 이 통계가 말해주는 것처럼 이제 우리 기독교에도 노인문제를 더 이상 간과할 수 없는 시기가 왔다고 나는 생각한다.

의학이 발달하면서 평균 수명이 연장되고 따라서 노인 인구가 계속 증가하고 있다. 이런 현상에 편승하여 '실버산업'이라는 새로운 경제용어까지 통용되고 있는 실정이다. 그럼에도 불구하고 기독교계에서는 아직도 노인문제를 등한히 하고 있는 것은 아닌가 하는 우려를 하게 된다.

동네마다 아파트마다 요즘에는 어디를 가든 노인정이 있다. 노인들은 이곳에 모여, 술, 담배, 춤, 장기 등으로 하루를 소일하고 있다. 그러나 우리 기독교인들은 쉽사리 그런 세상적인 놀이에 휩쓸리지 못한다.

성경공부, 찬송 부르기가 좋아 부지런히 교회를 찾아오지만, 교회에서도 어느덧 소외계층이 되어버렸다. 교회는 점점 대형화되어 얼굴 익히는 것조차 힘들고, 힘이 약하다고 직분을 맡겨 주지도 않는다. 설교 말씀 중에는 가끔씩 외국어까지 섞여 있어서 소외감을 가중시킨다.

생명보다 귀해서 지성으로 키운 자식들도 세상에 다 빼앗겨 버렸다. 식탁에 앉아 오순도순 정담을 나누는 일은 꿈도 못 꾸고 텔레비전에 빠져 있는 뒷모습을 보는 것이 고작이다.

노인들은 농경사회의 단란했던 가정, 젊었을 때 충성하던 교회를 그리워한다. 외롭고 쓸쓸한 현실 때문에 삶의 의욕조차 잃어가고 있다. 현실에 적응할 능력이 없기 때문에 불안해하고 있으며 친구들의 죽음을 경험하면서 자신에게 다가올 미래를 두려워한다. 노인문제는 어쩌면 청소년 문제보다 더 심각하다고 할 수도 있다. 이런 상황에서 우리 기독교인들은 더 이상 노인문제를 외면해서는 안 된다.

나는 모든 교회에 조심스럽게 노인학교 설립을 제의하고 싶다. 일주일에 한 번 정도 모여서 목사님을 강사로 모시고 말씀도 듣고 현실에 적응하는 능력도 키워나가면 좋을 것이다.

노인들에게는 구원의 확신이 절대적으로 필요하다. 우리의 몸은 흙으로 돌아가나 영혼은 하나님의 나라로 간다는 진리를 깨닫는다면 노년생활은 좀 더 유익하고 또한 여유로울 수 있을 것이다. 이 일을 할 수 있는 것은 교회뿐이다. 사명감을 가지고 기독교인들의 은혜로운 생활을 위한 방법을 모색하여야 한다.

　노인문제는 곧 우리의 미래를 결정하는 중요한 문제이다. 우리도 언젠가는 노인이 될 것이기 때문이다. 기독교인 모두는 합심하여 이 문제를 놓고 기도해야만 한다.

복지학교를 열면서

황혼의 빛 따라
한 송이의 해바라기가 웃고 있다
겨울산의 하얀 머리
넘어 가는 저녁노을
가슴 적시는 서러움
허름한 옷깃 따라 흐르는 고뇌
삶의 애환이 핀
살구꽃 마을에

동녘의 태양 복지옷 입고
살며시 일어나는 지금
감사의 마음 가슴에 품고
정한 젊음에
피어나는 박애심
너의 생애 행복하여라

모인 님의 영혼에
낙원의 누림 있기를 빌며
고개 숙여 감사하고
님에게 영광을 돌린다.

다섯.

목회 속에 맺어진 열매

헌신된 일꾼을 주 소 서

어느 목회자가 사명감을 가지고 장애인 학교를 교우들과 함께 세웠다. 장애인이라는 특수성 때문에 믿음 있고, 뜻을 같이한 본 교회 교우들이 교육을 담당하지 못했다. 여러 곳에서 특별교육을 받은 이들을 모집하여 학교를 맡긴 후 장애학교를 세운 것을 후회하며 깊은 고민에 잠기기 시작했다. 이유는 헌신의 자세로 세운 사람은 영혼구원이 목적인데 모집되어 온 교사들에게는 직장 이상은 아니었기 때문이다.

때론 성도들의 땀방울로 세웠는데, 하나님께 영광 없이 적당히 살아가는 이들에게 직장만 제공하고 장애인들에게 영생의 꿈을 심어주지 못해서 고민하는 교육자가 많다. 그 아픈 심정을 누가 이해할 것인가. 무엇을 시작할 때 일꾼을 준비하는 것이 매우 중요하다. 돈, 환경, 조직보다는 하나님 앞에 헌신된 사람들이 필요하다. 헌신하기로 준비되지 않은 사람이 교회가 세운 기관에 들어가 일하면 하나님께 영광이 될 수 없다.

목회자나 직원 중에 한 사람이라도 사명감 없이 하나님께 연보된 생활비를 받는 것은 너무나 슬픈 일이다. 영혼구원의 일 자체는 영적 일이요, 하나님의 말씀에 육체가 지배받는 일이다. 그러나 직장이란 생각으로 임하면 영적동기가 아닌 육신적 동기에서 움직이는 행동이 되어 하나님을 기쁘시게 할 수 없다.

"내가 이르노니 너희는 성령을 좇아 행하라 그리하면 육체의 욕심을 이루지 아니하리라 육체의 소욕은 성령을 거스리고 성령의 소욕은 육체를 거스리나니 이 둘이 서로 대적함으로 너희의 원하는 것을 하지 못하게 하려 함이니라"(갈5:16-17).

육체가 중심이 되면 죄에 잡힌바 된다. 그러나 성령의 사람이 되면 그 열매는 항상 아름다울 것이다.

"오직 성령의 열매는 사랑과 희락과 화평과 오래 참음과 자비와 양선과 충성과 온유와 절제니 이 같은 것을 금지할 법이 없느니라 그리스도 예수의 사람들은 육체와 함께 그 정과 욕심을 십자가에 못 박았느니라 만일 우리가 성령으로 살면 또한 성령으로 행할지니 헛된 영광을 구하여 서로 격동하고 서로 투기하지 말지니라"(갈5:22-26).

나도 군포시노인복지관을 수탁한 후 성령의 지배받는 하나님의 사람, 교회와 가정, 직장에서도 하나님 중심의 삶, 생활 속에서 하나님을 만나고 일을 통해 주님의 살아 계심을 체험하는 동역자가 그리웠다. 그리스도인으로 올바른 가치관의 필요성을 요구하면서 나 자신이 말씀에 입각한 목사인가를 성찰하며 잘못을 회개하고 전 성도가 영혼구원을 위한 전도자로 부름 받을 때 하나님 앞에는 '예'만 있고 '아니라' 함이 없다.

"우리 곧 나와 실루아노와 디모데로 말미암아 너희 가운데 전파된 하나님의 아들 예수 그리스도는 예 하고 아니라 함이 되지 아니하였으니 저에게는 예만 되었느니라"(고후1:19).

주님 앞에 자기 부인의 생활은 진리를 따르는 기본 요건이다. 그러나 우리가 살아가는 현실은 자신이 왕 노릇 하고 그리스도를 자신의 삶의 한 시녀처럼 부리려는 사고방식으로 접근하는 이들이 적지 않다.

이젠 그리스도의 큰 사랑에 감사하고 따를지언정 그 사랑을 정욕으로 이용하여 죄책감을 씻는 데만 이용하지 말자. 주님께 자신의 모든 삶을 바쳐 세세무궁토록 별과 같이 빛나는 능력이 있기를 소원해 본다.

노인은 장애인이다

10월은 UN이 정한 노인의 달이다. 이번 기회에 '노인은 누구인가?'를 다시 한 번 생각하고 인간의 참된 도리를 해야 할 것이다. 노인은 기성세대의 부모이고 어제의 주인공이고 오늘을 일구어 놓은 공로자들이다. 다시 말하면 나무를 자라게 하고 열매를 만든 가을나무의 낙엽과도 같다. 이렇게 귀한 분들의 현재 형편은 어떠한가를 살펴보고 힘들어 하는 부분이 무엇인지를 알아보고 도와주자.

노인들은 모두 장애인이다. 육체장애와 마음장애는 물론이려니와 경제적으로 극빈한 사람도 많다. 신체적으로는 노환으로 아픈 곳이 많아 걸을 수 없고, 치아가 약해 음식을 드시는 것도 힘들고 시력도 약해 신문을 보는 것도 힘들다. 이런 것을 보고 '늙으면 다 그렇다'라고 할 수 있으나 사는 날까지는 불편 없이 살게 해드리는 것이 후손이 할 일이다. 마음의 장애로 자살을 선택하는 이들도 있다. 옛말에도 늙으면 아이가 된다는 말이 있다. 그것은 사실이다. 그러나 아이는 아니다. 아이에게는 꾸중을 할 수 있다. 또 순수하고 협력을 잘 하지만 노인은 순수성과 호기심이 결여된 아이라고 해도 무리한 표현은 아닐 것 같다. 예를 들면 한 어른이 복지관 시설을 이용하면서 너무 잘해주니 좋다는 표현을 하다가도 감사 대신에 노인복지관이 외부지원을 받으면서 운영하며 이름만 낸다는 등 세속에서 길들여진 사고로 말을 하는 것을 들었다. 그뿐 아니라 유치원생들은 선생님 말을 잘 듣는데 노인은 과거만을 생각해 독선적인 부분이 있는 것이 특징이다. 그러므로 정신적 장애로 보지 않고는 사랑으로 감쌀 수 없는 형편이다. 또 부부가 함께 살다가 혼자된 노인들이 외로움을 견디지 못해 신음하는 이들도 없지 않다. 가정장애를 입은 노년의 외로움은 최고로 견디기 힘든 일이 아닐 수 없다. 그런데다가 경제력마저 후손의 손에 넘어갔다.

노인들의 형편을 조사한 결과를 보면 이상과 실제의 차이를 느낀다. 자녀가 없이 혼자 살다가 독거하시는 분과 자녀를 두었으나 독거하는 노인이 있다. 다 그런 것은 아니나 무자한 노인은 경제력이 조금 있고, 자녀가 있는 분은 너무나 어렵게 사는 것을 보았다. 왜 일까? 이유는 간단하다. 후손들이 노인에 대해 관심이 없기 때문이다.

우리는 후손만 나무랄 수는 없다. 지금 형편은 노인들을 어른으로만 보고 경로당을 만들어 주고 무료급식처럼 몇 군데 만들어 주는 것으로 노인복지 한다고 말한다면 노인의 고통을 모르고 하는 말이다. 복지보다 먼저 해야 할 것이 노인에 대한 인식을 바꾸는 일이다. 그리고 공직자들은 예산타령 하지 않았으면 한다. 과거에 국민의 세금을 자기 돈처럼 쓰고, 국민을 위해 봉사하기보다는 군림하려 했던 굳어진 인식을 버려야 한다. 문화도 가정자본투자도 중요하다. 그러나 고령화 사회로 가는 지금 노인들에 대한 정책을 바로 세우고 노인들의 생사(生死)에 대한 신경을 써야 한다.

군포시에 정해진 1일 식사 값은 1,350원이나 성민원에서는 1,800원짜리를 만들었다. 그것도 하루에 270명 기준이나 실제로 군포시노인복지관에서 무료급식을 이용하는 분들은 400~450명이다. 얼마 있지 않으면 인원초과가 된다. 급식일수를 줄이는 등 앞으로 해결책을 강구해야 할 것이다. 흘러가는 규칙이나 환경을 핑계하지 말고 의식주 문제, 즉 인간의 기본 요구는 채워야 할 것이다. 군포시의 노인들에 대한 예산이 시설운영과 급식을 포함해 10억이다. 노인 한 분에 1만원 꼴이다.

이젠 노인들도 과거의 투쟁의식이나 정치적인 문제해결 보다는 어른의 품위를 지키고 욕심을 버릴 때, 후손들 앞에 하나 되는 모습으로 존경을 받게 될 것으로 본다. 노인의 날을 맞으며 부모님을 보는 새로운 시각과 내일의 자신의 모습인 황혼의 인생을 위해 무엇을 할까를 생각하는 때가 되었으면 한다.

천국 가는 데
필요한
것

세월의 흐름을 누가 막을쏘냐. 검은 머리 하얗게 되어 검은 물감으로 부지런히 염색해도 돋아나는 흰색은 막을 길 없다. 늙고 병드는 것이 싫지만 받아들이는 수밖에 없다.

때는 이천년 정월, 지방에 있는 서산본향교회에 제자수련회를 인도하고 오니 두 주일 전에만 해도 나의 손을 잡고 감사를 표시한 일흔넷 되신 김○○ 집사가 세상을 떠났다는 소식이 왔다. 누군가 "나이는 병이에요." 말했듯이 연세가 든 분들에게는 "밤새 안녕하세요?" 하는 인사가 정말 실감나는 말이다.

하나님이 나에게 노인사랑의 은사를 주셨는지 어려서부터 할아버지를 좋아했고 재래시장에 가면 노인들이 가지고 나온 채소를 사서 돌아오는 버릇이 있었다. 이십년 전에 군포에 와서도 장기, 바둑을 사서 동리 노인정을 찾아가게 되었고, 미래의 노인문제의 심각성을 생각하며 차분히 준비한 결과로 사단법인 성민원이 만들어지게 되었다. 군포시노인복지관장도 지냈다. 그래서 우리 교회로 노인들이 많이 전도되었다.

며칠 전에는 오랫동안 신앙을 멀리하던 분이 복지관 목요예배를 통해 신앙을 회복하고 간암으로 세상을 떠나면서 장례를 복지관에서 해줄 것을 유언으로 남기셨다. 본 교회에 출석하지는 않았지만 본인의 신앙으로 기독교식으로 장례가 치러지게 되었고 담임목사인 나는 입관예배를 드리기로 했다.

이날은 다른 날보다 더욱 쌀쌀해 몸이 몹시 움츠러들고 있었는데 가족들의 말을 들으니 그분은 유행성 감기로 돌아가셨다고 했다. 돌아가시기 전에 자녀에게 성경을 읽어달라고 하셔서 자녀가 어머니의 요청으로 말씀을 읽어드리고 있을 때 조용히 눈을 감았다고 했다.

성경말씀이 무엇이기에 돌아가시면서까지 듣고자 했을까? 그토록 사랑했던 후손의 음성보다 수많은 노래나 세상의 베스트셀러보다 그는 하나님의 말씀을 듣기를 원했던 것이다. 그는 진정 영혼의 양식을 필요로 했고 그의 영혼은 아주 건강해 성령으로 감동된 진리를 요구하면서 고해의 땅에서 새 예루살렘인 천국으로 조용히 떠난 것이다.

15평 남짓한 연립주택으로 들어가니 장의사에서 나온 이들이 입관준비를 하고 있었다. 삼베로 만든 수의와 잘 만든 관이 옆에 있었고 흰 보자기에 덮여 몸에 수의가 입혀지고 있었다. 입관을 하는 분은 조용히 베옷이 너무 빽빽하여 힘이 든다는 표현을 했다. 아마도 수의를 집에서 준비한 것이었나 보다.

삼십 분쯤 시간이 지나자 옷이 입혀졌고 가족들에게 얼굴을 보여주는 시간, 깊은 잠에 빠진 듯 평온한 모습으로 침묵하고, 긴 세월 이겨온 턱은 힘이 없어 내려앉고 복지관 미용실에서 짧게 파마한 머리는 가신 이의 면류관인 듯 돋보였다.

갑자기 부모를 잃은 자녀와 할머니를 보내는 손자 손녀는 미처 정을 떼지 못하고 죽음을 받아들이는 시간이 걸리는 듯했다. 신음처럼 중얼거리는 딸의 말 "엄마 이처럼 빨리 가시려고 그토록 힘들게 사셨나요?" 하는 말속에는 노년에도 열심히 사신 노모의 모습을 엿볼 수 있었다.

빈 손 들고 종이 신발 신고 가는 육체, 질그릇처럼 깨어진 모습, 생명 떠나니 아무도 소중하다 하지 않는 흉물이 되는데 많은 사람들은 육체만 위하고 속사람 위하지 않으니 어리석고 슬픈 일이다. 가족상복이 끝나고 얼굴이 가려지더니 장정의 손에 들려 관으로 들어갔다. 가족과 성도가 한 자리에서 입관예배를 드리며 가신 분의 과거와 현재, 그리고 천국에서 누릴 모습을 생각하며 위로와 소망을 가졌다.

"그 성은 해나 달의 비침이 쓸 데 없으니 이는 하나님의 영광이 비치고 어린 양이 그 등불이 되심이라 만국이 그 빛 가운데로 다니고 땅의 왕들이 자기 영광을 가지고 그리로 들어가리라 낮에 성문들을 도무지 닫지 아니하리니 거기에는 밤이 없음이라"(계 22:23-25).

가신 부모의 소원이 무엇일까를 생각하는 지혜를 가지고 남은 생애를 잘 살아보자는 말씀으로 마무리를 했다. 대가족이 움

집된 곳에서 살며시 나와 집으로 돌아왔으나 자녀의 말이 내 가슴에 살아난다.

임종하면서도 간절히 요구했던 그토록 소중한 성경말씀을 어둠에 속한 이들에게 전하니 그 가치를 망각하고 세상의 방법으로 감동을 주려 했던 지난날의 모습들이 주마등처럼 떠올랐다. 고개 숙여 회개하며 다시 한 번 떠난 이의 말을 교훈 삼아 마음의 허리띠를 동여매었다.

아, 저승 가는데
돈과 명예는 필요 없으나
님이 주신 생명의 양식
소중하고 귀해
영원복락의 둥지로 가는 길에
노잣돈 나 필요 없으니
요단 강 건너갈 때 조금도 염려 없어.

침대에 팔 벌리고 천장을 보니 나의 마음에 작은 파도가 일고 있었다. 청소년에 관심을 가지면 소망을 얻는데 노인복지관 관장이었기 때문에 장례식을 자주 해야 하니 노인복지관 운영은 갈수록 이별의 아픔만 더할 텐데 하는 생각이 들었다. 그러나 주님은 나의 가슴에 일어나는 작은 갈등을 보고만 계시지 않으시고 갈릴리 바다에서 풍랑 위를 걸어 고생하는 제자들에게 찾아오심같이 내 마음에 성령으로 오셨다.

늙고 병든 육체를 보는 나의 눈을 막으시고 육신의 옷을 벗고 천국으로 가는, 늙지도 쇠함도 없는 아름다운 영혼, 예수 그리스도를 통해 구원받는 소중함을 보게 하시니 또 소망이 가득하다.

돈과 외모, 힘으로 인간의 가치를 평가하는 세속에서 소외된 이들의 모습, 동리의 경로당의 자욱한 담배연기 속에서 죽음의 날을 기다리고 여름이면 공원의 벤치에서 외로움을 달래는 노인의 서러움은 본인들 외에는 누가 알겠는가? 노인들의 입장에서 보니 잠시도 방관할 수 없다. 그러나 오늘만을 생각하고 있는 이들, 노인의 씨가 따로 있는 것으로 여기고 자신은 노인이 되지 않을 것 같은 착각에 빠져 있는 사람들이 있다. 지극히 당연한 것을 적선이나 하는 것처럼 하는 이들의 꼴불견을 볼 때면 긴 한숨과 분노가 끓어오른다. 그러다가도 알지 못하는 힘에 의해 마음이 평온을 찾는다.

나는 감사할 수밖에 없다. 나와의 힘든 싸움에서 이길 수 있는 그 거룩한 힘을 공급하시는 주님께 말이다. 세상에서 며칠이 될지는 모르나 사는 날 동안 조물주를 사랑하고 주님의 종으로 영혼구원 위해 드려진 몸으로 살아가고 죽어가며 영원을 노래하리라.

그리고 더 많은 장례식을 한다고 해도 더 감사하는 마음을 가질 것이다. 잔칫집보다 초상집에 마음을 두고 부자나 건강한 자보다, 늙고 병든 자에게 마음 쓰면서 나를 필요로 하고 또 하나님이 보내는 곳이면 어디든지 순종할 수 있도록 힘을 달라고 조용히 기도한다. 밤낮없이 나의 앞길을 가로 막고 서서 나를 사로잡는 육신의 생각과 싸움에서 이길 수 있기를 소원하며…….

노인복지관이 왜 필요한가

늦은 감이 있지만 노인인구증가를 내다본 분들이 노인복지에 관심을 가진 것은 매우 다행이다. 며칠 전 복지관에서 파마하고 목욕을 한 후 무료 급식을 제공받고 친구들과 정담을 나누는 노인 한 분이 얼굴에 기쁨을 가득 담고 "아! 오늘은 천국에 온 것 같다."고 한 말, 그것은 그의 외롭고 불편한 현재의 고통을 조금이나마 엿볼 수 있는 말이었다.

노쇠한 몸으로 먼 길을 갈 수도 없고, 간다 할지라도 오전, 오후 반나절이 고작이다. 그러므로 하루 종일 집에서 거하자니 가족에게 무언의 압력을 주는 노인으로 남아 있게 된다. 누군가가 말하기를 노인들의 무취미는 본의 아니게 후손에게 고통을 주는 악취미가 될 수도 있다고 했다.

요즈음 젊은이들은 자신들만의 왕국을 원하고 있어 잠자리와 옷차림도 자유롭고 싶은데 하루 종일 어른이 집에 계신다면 부담스러울 것 같다. 며느리는 시부모님과의 마찰을 피하기 위해 직장을 원하는 이도 있고 독립해서 살기를 원하는 이도 있다. 이것도 저것도 선택할 수 없어 고민하는 이들에게는 노인이 매일 복지관에 나와서 취미생활을 하신다면 가정의 평안을 모색할 수 있을 것이다.

긴 병에 효자 없다는 말과 아무리 고부간에 화목이 있다고 해도 서로의 정신적, 환경적 쉼이 필요하다. 그러므로 노인복지관은 노인뿐 아니라 가정의 화목에 큰 유익이 될 것이다.

이젠 지난 세월을 조용히 돌아보자. 그리고 생로병사의 짐 지고 사는 인생길에서도 활짝 웃을 영생의 길을 보자. 노인의 씨는 따로 없다. 젊은 우리도 노인 된다. 부모님께 효도하는 것 미루지 말고 기다려 주지 않는 부모인 노인을 위해 노인수련장과 유·무료 양로원을 설립하는 데 뜻을 모아보자.

우리 삶의 언저리에 무엇을 남길 것인가? 성도가 가는 길에 복지가 꽃피울 것이다. "사람이 무엇으로 심든지 그대로 거두리라"(갈6:7)는 말씀을 가슴에 심고 열심히 할 것이다.

다섯. 목회 속에 맺어진 열매

군포제일교회가 노인복지관을 수탁운영하기까지의 일은 모두 하나님의 특별하신 섭리에 의해 이루어졌다. 약 10년 전 우연히 노인들을 불쌍히 여긴 것이 계기가 되었다.

내가 존경하는 목사님 한 분이 정년퇴임을 하시고 연립주택에 거하셨다. 과거에 시무했던 교회를 그리워하고 있었으나 후임자에게 피해가 될까 봐 그토록 아끼던 성도들과 전 재산을 드려 건축하고 정성을 쏟은 교회로부터 외면당하고 있는 모습을 보고 난 노인학교를 세우겠다는 생각을 했고, 그 일을 함으로 지역의 노인들을 대하게 되었다.

그때부터 일꾼을 키워왔으나 노인학교는 5회를 마지막으로 휴강이 되었다.

1996년 1월 어느 날 여전도회 봉사자들이 사회의 그늘진 부분을 돌아보려고 하다가 성민회를 조직, 따뜻한 차를 보온병에 담아 파출소에 돌렸다. 그후 독거노인들까지 관심이 확대되어 사랑의 손길로 돌아보다가 가정봉사원 교육을 신청하여 68명을 2급 가정봉사원으로 배출하였다. 결국 전 성도가 세상에 빛이 되겠다고 뜻이 모아져 함께 움직이게 되었다.

그때 시장님으로부터 전화가 걸려 왔다. 지금 군포에 노인복지관이 있는데 군포시 연합회나 교회 중에서 잘할 사회단체가 없느냐는 물음이었다. 그때의 조건은 50%는 시에서, 50%는 봉사단체에서 부담해야 한다고 했다. 이 조건에서도 모 단체에서 수탁관리하겠다고 신청을 해 왔으나 시청에서는 불가능하다는 판단을 내렸다 한다. 시장을 만나자는 말을 듣고 찾아가서 70%면 할 수 있으나 50%에는 누구도 할 수 없을 것이라는 의견을 내놓았더니 우리 교회에서 할 능력이 되면 서류준비를 하여 공정한 심사에 응하는 것이 좋겠다는 것이었다. 그때부터 법인신청과 서류준비를 하였는데 먼저 신청한 이들과 경쟁하는 것이 되어 몇 번이고 포기를 하려 했으나, 먼저는 하나님이 지워주신 십자가요, 또 70%이면 할 수 있다고 이미 말했기 때문에 묵묵히 인내한 결과 1998년 4월에 본 교회가 설립한 성민원으로 결정되었다.

서류 준비하는 과정에서 관공서의 무사안일과 방어적 행정의 보수주의적 사고방식을 보며 기업인들의 기업 활동이나 관 주도의 복지는 불가능 하다는 것을 깨닫게 되었다.

IMF로 여러 가지 어려움이 있었으나 잘 극복되어 1998년 5월 30일 개관예배를 드리고 여러 곳을 가동했다. 많은 사람들이 물리치료실과 목욕탕, 미용실, 식당을 찾으면서 노인들의 천국이란

말을 하며 환한 모습으로 돌아가는 이들도 있다는 반가운 소식을
들었다.

또 온 교우들이 절약하고 헌신하며 자원 봉사하는 모습은 예
수 그리스도의 모습을 본 듯 귀하고 아름다웠다. 큼직한 건물에
서 큰소리치며 윗사람의 눈치나 보고 국민의 세금으로 살면서도
백성을 불편하게 하는 관리들보다는 얼마나 아름다운가를 생각하
며 이 나라의 장래가 염려되어 조용히 하루를 기도로 정리해 보
았다.

봉사자 대회를 마치고

98년 12월 28일 겨울답지 않게 포근한 날씨로 열심히 준비한 봉사자의 밤 행사와 조손결연 사업을 은혜스럽게 진행할 수 있었다. 기관장으로는 시장 대신 국장, 의장 대신 부의장, 국회의원 대신 비서가 왔고 평소에 친분이 있는 권원혁 시의원과 도의원도 참석했다. 이 날이 시의회 마지막 날이라 바쁘다는 핑계가 있었으나 그동안 열심히 봉사한 분들로 복지관의 회의실이 가득 메워졌다.

먼저 감사예배를 드리고 부장의 사회로 시작되어 봉사하는 이들에게 감사장을 드렸다. 분위기는 점점 무르익어 갔고 복지의 필요성을 모두가 절감하고 삭막한 빈 가슴에 사랑으로 채워졌다. 감사장 전달이 끝나고 조손결연장이 주어지는 시간, 15가정의 독거노인들이 손자손녀를 만나는 엄숙한 시간이었다. 상하고 지친 몸을 가진 몇몇 노파는 의자에 앉아 있는 것도 힘겨워하는 것을 느꼈다. 한 학생과 노인이 나와 사랑의 손을 잡고 관장인 내 앞에서 증서를 받고 들어간 노인 몇 분은 한없이 눈물을 흘리고 있었다, 주름살로 덮여버린 작은 눈에서 흐르는 눈물, 손등으로 훔치다 그것도 부족해서 옷깃을 적시고 있었다.

저 눈물은 외로움에 고여 있던 물이 말을 할 수 있는 대상을 얻은 후에 한번에 넘친 것일까, 아니면 그 옛날 동심에 느낀 그 무엇을 느껴서 울고 계신 것일까?

한 노파의 얼굴이 눈물을 흘리면서 곱게 피어나고 있었다. 그러나 손자 손녀가 된 학생, 청년들 중에는 어색해서 노인들과 다정한 대화를 하지 못하는 이들도 있었다. 그러나 저녁식사 시간에는 함께 앉아서 서로의 마음을 주고받는 것 같아 준비한 복지사들에게 감사했고 물심양면으로 적극 협조한 군포제일교회 성도들에게 감사했다.

이 결연사업은 과거에 학교에서 실시할 때는 실패했었다. 그래서 이번에 노인복지관에서 다시 시도한 것이다. 종교인들의 영혼 사랑의 씨가 있으므로 꼭 성공하리라 기대했다.

수없이 많은 아이들이 있지만 후손 없이 쓸쓸히 고독에 파묻혀 지내는 이들이 있다. 한 해를 보내면서 독거노인의 감사의 눈물을 통해 내년에는 더 많은 노인들이 황혼의 빛을 아름다움으로 보았으면 하는 바람이다.

살구꽃 피는
마 을

며칠 동안 장마와 폭우가 유난히 길게 이어지더니 작열하는 태양빛으로 인해 냉방장치를 무색하게 할 정도로 뜨거운 날씨가 이어졌다.

본 교회에서 수탁 운영하는 노인복지관으로 갔다. 11시가 조금 지났는데 벌써 몇 분의 노인들이 식당 앞에서 줄을 서 계시고 주방에는 직원과 자원봉사 나온 부녀들의 손놀림이 분주했다. 노인들 틈 사이를 지나 관장실에 들어섰을 때 뒤에서 한 노인이 복지관 주위를 둘러보고 있었다. 그분은 복지관 소식을 듣고 노년의 긴 시간을 보내기 위해 서예나 컴퓨터를 배울 수 있는 시설이 있느냐 물으셨는데 이 노인의 요구와 젊은이들의 생각에 차이가 있었다.

컴퓨터는 아이들이나 학생들 직장인이나 배우는 것이지 70세가 넘은 노인이 왜 배우려고 하실까 묻는 이도 있다. 그러나 젊은

충에서 노인들을 몰라서 그런 것이다. 노인이 되면 호기심이 많고 하고 싶은 것도 많은 법이다. 소속감이나 성취감을 맛볼 수 있는 기회가 주어지지 않는 것이 부모님께는 매우 슬픈 것이다.

며칠 사이 복지관을 드나든 이들의 얼굴에서 새로운 것을 발견하게 되었다. 처음 찾았을 땐 호기심이 가득했고 가끔 자선단체에서 베풀어지는 잔치처럼 생각하셨다가 몇 달이 지난 지금은 진정 노인들이 쉼을 얻고 같은 또래가 함께 놀 수 있는 곳임을 알고 내 집처럼 드나들면서 생기가 돌았다.

큰 소리로 웃기도 하고, 노인들끼리 담소하는 모습은 유치원생들과 같다. 노인들과 로비에 앉아서 한 할머니의 근황을 물어보았더니 연세는 75세, 복지관에 처음 오셨다고 한다. 또 앞에 계신 분은 나를 알아보시고는 감사의 말을 아끼지 않으셨다.

"아이고 고맙습니다. 우리 노인들을 이처럼 지극히 돌봐주니 감사합니다." 하며 머리를 조아린다. 젊은 사람으로 당연한 일을 하는데 영광을 받은 것 같아 송구스럽기도 하고 한편으로 감사를 하는 분들로 인하여 보람을 느꼈다.

처음 오셨다는 노인에게 자녀들은 다 잘 있느냐고 여쭸더니 잘 있다고 하시면서 묻지도 않는 말을 하신다. 젊어서는 자녀교육 잘 시키고 극진히 사랑해 주면 노년에 행복할 줄 알았는데 지금 와 보니 참 잘못된 기대였다는 푸념을 늘어놓으셨다. 그 말을 듣는 여러 명 모두 고개를 끄덕이고 있었다. 점심시간이 되어 한 줄로 늘어선 분들의 숫자는 점점 줄고 마지막 사람이 보인다. 그날따라 삼백 명 정도의 분이 오셨다. 같이 앉아 있던 노인들도 한 분 두 분 일어나 식당으로 가시고 서예와 컴퓨터 교육을 원하는 할아버지는 점심식사를 권했더니 집에 가서 잡수시겠다고 하셨다. 자존심도 있으시고 경제력도 어느 정도 있는 것 같았다.

주일이 지나 월요일이 되어 백발의 노인들과 한나절을 지내다보면 노인 특유의 냄새도 정겹고, 신학문을 한 젊은 사람에게 배울 수 없는 지혜와 인생을 배우게 된다.

옛말에 늙으면 아이 된다는 말, 경험자의 명언이라는 것을 깨달게 된다. 점심식사를 마친 이들이 집으로 가는 시간 식당 앞에서 인원점검을 하는 복지사가 차를 타러 가시는 노인에게 "할머니 줄을 서셔야 합니다." 하고 소리쳤다. 인원을 확인하고 차량운행에 사고가 없도록 관심을 가지라는 말에 "예." 하고 대답을 했다. 그가 말하기를 며칠 전에 복지관 차를 타다가 사고가 났다고 한다. 이유는 줄을 서지 않고 서로 밀고 당기다가 감정이 상해 노인들이 머리채를 잡고 싸움을 했단다. 그 일로 다친 할머니가 계시다는 말과 또 대부분 질서를 잘 지키는데 몇몇 분은 질서 의식이 없어 다른 사람들의 마음을 상하게 한다는 얘기도 들었다. 저렇게 질서를 잘 지키지 않는 노인은 분명 자녀도 제대로 교육시키지 못했을 거라는 생각이 든다. 그러나 누가 저 노인을 가르치겠는가.

노인들의 식사시간이 끝나고 직원 차례가 되어 식당에서 점심을 먹는데 늦게 도착한 노인 몇 분도 함께 식사를 했다. 그때 어디선가 큰 소리가 들렸다. 왜 더운데 에어컨을 틀지 않느냐고 혈기를 냈다. 식당에 바람이 잘 통해 견딜만 했는데 그분은 매우 더웠나보다 생각을 하며 돌아보았더니 자원봉사 나온 집사들이 놀란 표정으로 어리둥절해 하고 있었다.

얼마간 식당에서는 침묵이 흘렀다. 화를 낸 당사자도 식사를 끝내고 일어나 나가시면서 복지사에게 내가 너무 더워서 소란을 피웠으니 미안하다고 하신다. 아마도 그 노인은 복지관을 자신의 집이나 음식점으로 잠시 착각한 것 같다.

복지관을 운영하면서 노인들에게 "자원봉사자들이나 직원들에게 힘을 주세요, 격려해 주세요."라고 자주 부탁했다. 요즘 세대는 마음 상하면 돌아서 버린다. 그것은 결국 사회와 노인, 그리고 가정 문제의 시작을 가져온다.

젊은이들의 입장에서는 노인들에게 복지시설 제공이나 무료 식사를 제공하는 것이 의무라는 것을 인식해야 한다. 젊은이들은 현재 노인들로 인하여 초등학교 의무교육의 혜택을, 가정에서는 부모님께 조건 없는 사랑을 받았다. 누구도 감사함을 표현한 후 젖꼭지를 빨거나 학교의 음식을 먹지는 않았을 것이다. 그러나 부모님들은 먹이고 입히고 교육시켰고, 잘 사는 나라를 우리에게 물려 주셨다. 6·25전쟁 이후 보릿고개의 배고픔 속에서도 일하며 여러 명의 자녀를 먹이고 전쟁고아를 한 장소에 모아 키워왔으므로 노인복지를 활성화하여 그들의 몫을 돌려드려야 한다.

본 교회가 복지관을 수탁 운영하는 것도 당연한 일을 하는 것이기에 힘은 부족하지만 최선을 다하고 있다. 사단법인 성민원을 돕기 위해 교우들로 만들어진 복지후원자들이 98년 8월 3일 당시 612명이었다. 목표는 일천 명이다.

어린이는 삼천 원, 학생은 오천 원, 장년은 일만 원이다. 어린이들은 자신의 손으로 참여하는 것이 원칙이다. 이유는 효도 교육을 어릴 때부터 잘 시키면 미래 복지국가건설에 주역이 될 수 있기 때문이다.

처음에는 부정적으로 생각하는 이들도 적지 않았다. 실직자·독거노인·소년가장도 있는데 먹고 살만한 노인들, 감사도 모르는 이들에게 교회 1년 예산의 1/10을 투자해야 될 이유가 없다는 눈치였다. 그뿐 아니라 쓸데없는 일, 왜 노인들에게 거지 근성 키우느냐는 반론도 있었다. 그러나 지금은 모두가 한마음으로 복지관 운영에 동참하고 있다. 어릴 때의 빚을 갚는 심정으로 노인들의 영혼을 천국으로 인도하겠다는 일념으로 봉사하고 있다.

IMF로 경제적 어려움을 겪으면서도 자원봉사로 보람을 느끼며 물질로 얻는 이상의 기쁨을 얻고 환경을 이기는 이들이 적지 않다. 어느 자원봉사자의 남편은 아내를 향해 자기 부모에게도 못하면서 무슨 노인공경을 하느냐고 했단다. 그러나 그 아내는 복지관에서 노인들을 자주 만나게 되니 시댁 부모님에 대해 이해하는 마음이 생기고 이젠 자연스럽게 효도할 수 있어서 좋다는 고백을 했다. 이론적으로 생각하면 내가 먹을 것도 없는데, 내 부모에게도 못하는 주제에 남의 부모를 어떻게 공경하느냐고 생각하지만 결국 그런 사람은 자기중심적으로 살다가 평생 효도 한번 못할 것이다.

효도나 사랑은 해본 사람이 한다. 남을 사랑하는 사람은 먼저 자기를 사랑할 줄 알아야 한다. 그러나 자기 사랑은 자신의 소중함을 알아야 이루어진다. 또 사랑은 주어야 자란다. 남의 부모님 사랑하면 자신의 부모도 사랑할 수밖에 없다. 한편으로는 내 부모님 먼저 사랑해야하는 것이 순서이긴 하다. 그러나 효도도 분위기가 매우 중요하다. 마음껏 할 수 있는 분위기가 필요하다.

복지관에서 자원봉사는 교회에서 지원 나와야 되니 처음에는 의무감으로 올 수도 있고, 친구 따라서 봉사할 수도 있다. 방학 때는 학생들이 복지관을 찾아오기도 한다. 그들에게 왜 왔느냐 물으면 "점수 받으러 왔습니다."라고 한다. 그들은 노인들과 식당에서 식사하는 것까지 거부한다. 그러나 하루 이틀만 지나면 노인들을 이해하고 자신이 청소하고 약한 분을 도와주었다는 보람에 만족해한다. 자원봉사자 교육을 받고 복지관에 대한 설명을 들을 수 있는 학생들은 소망이 있다.

일부에서는 점수를 얻을 목적으로 하는 자원봉사는 의미가 없다는 주장도 있지만 그들을 맞이하는 기관이 어떠하냐에 따라 상당한 성과를 올릴 수 있다.

이젠 노인들에게 잘 해드리는 것을 당연시해야 한다. 그리고 현재 부모님께 행하는 것을 보고 자녀들이 같은 모습으로 나를 대해줄 것이다. 현재의 노인은 장래의 우리 모습이다.

또 어른의 입장에서는 후손을 사랑하고 감사하고 격려해 주자. 그뿐 아니라 서로의 편리한 생을 위해 유산을 사회에 환원하는 지혜를 가져 많은 유산을 남기고 떠나 상속문제로 자녀들이 재판까지 하는 비극을 막아야 한다. 자신의 노력 없이 재산 상속 받는 사람이 몇 대나 잘 살 수 있겠는가, 유대인들이 자녀교육을

시킬 때는 고기를 잡아주지 않고 고기 잡는 방법을 가르쳐 준다
고 했다. 우리도 자녀가 살 수 있도록 공부시키고 기도해주고 나
머지는 자신의 생애를 보람 있게 쓰겠다는 확실한 소신을 갖게
해야 한다.

하얀 면류관을 쓰고 얼굴의 주름살마다 지혜를 가진 이들에
게서 큰 배움을 얻었다.

다시 한 번 생각할 때

의가 있는 곳에 핍박을 받으면 하늘에 상이 있으니 기쁨이 가득할 수밖에 없다. 그동안도 주님의 이름으로 사랑했으니, 지난날 감사의 마음뿐이다. 그동안 구원된 노인들의 가치는 돈으로 계산할 수 없으니 이날까지 노인복지관을 운영하게 하신 것을 감사할 뿐이다.

이젠 더 큰 복지사역을 위해 군포를 벗어나 천국을 닮으리라. 더 큰 바다에서 헤엄치리라. 지금은 시청이나 다음에는 청와대에서 국정운영에 조언하리라. 바벨론에서 기도하다가, 사자 굴에 들어간 다니엘이 죽은 줄 알았으나 더 좋게 되었듯이 성민원은 더 강해지며 거룩하게 되리라. 입으로 믿고 행위로 타락하는 잘못된 교인들의 행적이 곳곳에서 가룟 유다처럼 도사리고 있으니 슬픔이 더하다. 이제 정든 육신의 복지관장직을 조용히 뒤로하고 영혼 구원을 위해 더욱 박차를 가하리라는 생각을 하면서 끝까지 최선을 다하는 직원들이 될 것을 기대하며 정든 노인들을 뒤로하고 기도하는 마음을 가진다.

사람들이 살아가노라면 좋은 날이 힘든 날이 될 때가 있고, 기쁨이 고통으로 바꾸어지는 때도 있다. 어릴 때의 명절은 새 옷을 입는다는 것 때문에 좋은 날이나, 부모가 되면 부담스럽고 힘든 날이 될 때도 있다. 그뿐 아니라 젊어서는 방학이나 주일이 기다려졌으나 황혼의 노인들은 방학이나 주일이 오히려 고통의 날이 되기도 한다.

얼마 전 노인대학의 겨울방학을 하던 날, 직원이 "방학을 즐겁게 보내세요." 했더니 "우리에게 방학은 고통이야."라고 했다. 집에는 아이들이 있으니 노인들은 피곤하다. 이 지역의 65세 노인들은 주일날이 제일 허전하고 심심하다는 이들도 있다.

이 지역의 노인들을 위한 무료식당이 있다. 여러 곳을 합하면 일천 명 이상이 되는데 주일에는 모두 식사를 제공하지 않는다. 이들 중에 생활이 좋은 분도 상당수 있으나 점심을 거르는 이들도 많이 있으리라고 볼 때 그들을 위해 피부에 와 닿는 복지를 생각하지 않을 수 없다.

현재까지 3년 동안 삼억 이상 투자를 해서 복지관을 운영했다. 또 19명에게 직장을 줄 수 있어서 위로가 되고 기쁨이 되었다. 그러나 지금에 와서는 다시 한 번 생각해야 될 때가 되었다. 이유는 교회에서 적극적인 지원을 하다보니 불신자들에게 거부감을 준 것도 있고, 원리원칙대로 하다보니 권위적으로 굳어진 공무원들과의 마찰도 적지 않았다. 그뿐 아니라 복지관 건물 안에 지회 사무실이 있고 또 지회장의 개인 노인학교가 있었다. 복지관에서 사회교육 프로그램을 할 때 자신들의 학생들이 들어옴으로 일어나는 완력이 눈에 보였다. 그러나 보다 나은 노인복지를 위해 복지대학을 운영하게 되었다. 이유는 좋은 강사를 모시기 위해서는 사회교육보다는 대학이 더 좋다고 생각했다. 그후 지회는 계속 약점을 노리고 그동안 닦아 놓은 조직을 이용해 시장과 시청에 압력을 넣었다. 처음에는 시장을 호래자식이라 하더니 복지관이 자신들의 마음대로 되지 않으니 없는 일, 있는 일 다 만들어 시청에 악한 여론을 만들고 급기야는 노인 신우회 모임을 이유로 들어 종교행사로 복지관을 이용한다는 것으로 핍박이 시작되었고, 3년 만기가 되어 재계약을 할 수 없도록 민원으로 행사하고 있다.

성민원은 다시 한 번 새로운 길을 개척해야 할 때가 되었다. 당장이라도 그만두고 싶으나 정리해 주려 하니 지난번 IMF 때 실직한 직원들을 복지관에 취업을 시켰는데 법인이 바뀌면 대부분 다른 사람으로 교체되는 것이 다른 복지관의 예이기 때문에 책임자로서의 결정이 쉽지 않다.

그러나 노인들을 잘 도와드릴 방법도 생각하지 않을 수 없다. 이유는 그들의 영혼과 육체는 너무 소중하고, 노인들은 장애인이다. 마음도 몸도 환경도 모두 그들에게는 불만족스러운 것 밖에 없다. 복지관을 한 것도 명예와 돈을 얻기 위해 시작한 것이 아니므로 복지관을 다른 법인에게 넘겨주는 것도 서운할 것은 없다. 그러나 황무지에서 일구어 온 것이라 애착이 간다. 그렇지만 복지나 사람에 전연 관심이 없고 규칙이나 따지고 아집이나 부리는 이들, 사람과 환경을 생각지 않는 철갑통의 사람들에게 할 말이 없다.

다시 한 번 생각한다. 복지관 직원들이 살아가는 방법을 연구해보자. 열 명 이상이 함께 생활하려면 무엇인가를 해야 할 것 같다. 식당이나 상점으로 눈을 돌려보자. 조리사, 영양사도 있고 서빙하는 직원도 있다. 단 일 년 동안이라도 교회에서 월 2백만 원을 지원하고 함께 생업에 뒷바라지해야 될 것이다. 또 노인복지는 과거에 차량경비나 전문 관리비 등 운영비가 없으니 현재 지원하는 것으로 주일에 노인들에게 무료식사를 드려야 될 것으로 생각한다. 눈으로 보이는 것 없어도 사람을 위하는 일이니 다시 한 번 두 주먹 불끈 쥐고 일어서 본다. 시작하게 하신 하나님이 끝나게도 하신 것임을 믿으며 하나님의 섭리 앞에 무릎을 꿇고 범사에 감사하면서 영광을 하나님께 돌린다.

"오직 이면적 유대인이 유대인이며 할례는 마음에 할지니 신령에 있고 의문에 있지 아니한 것이라 그 칭찬이 사람에게서가 아니요 다만 하나님에게서니라"(롬2:29).

볶음밥이 개밥인가

6월초 어느 날 복지관으로 가니 지회의장이 복지과 부장을 찾는다는 말을 들었다. 그 건물에 들어 있으면서 약점을 잡으려는가 하는 오해를 할 만큼 신경이 쓰인다는 말도 있었다. 상위기관은 아니지만 노인들이라 젊은 내가 찾아뵈야겠다는 생각으로 올라가니 오늘 낮에 무료급식에 문제가 있었단다.

메뉴는 볶음밥에 콩나물국이었다. 한 분이 김치를 적게 주었다고 야단이다. 오백 원짜리도 안 되는 밥을 준다고 사람을 무시한다는 말이었다. 또 다른 한 분이 개밥을 주는 것 같다고 하는 말에 매우 불쾌했다. 나는 그러면 무료급식을 하지 않겠다고 했다. 젊은 여전도회의 선행이 악을 행하는 것으로 받아들여지는 것에 혈기가 가슴에 치밀어 올랐지만 곧 웃고 말았다. '과연 예수님이라면 어떻게 하셨을까?' 라는 생각이 들었기에……

식당에 가 보니 다른 분들은 감사하게 음식을 드시고 있었고, 주방 책임자는 음식을 영양식으로 하기 위해 더 힘이 들었다고 했다. 그 어른께 요구는 당연시하고 실수만 지적하면 결국 존경받지 못하니 젊은이들을 칭찬해 주시라고 말씀드리고 함께 식당에 갔더니 어른은 자신이 먹은 밥을 나에게 내보이는 것이다. 영문도 모르고 주방에 있던 집사는 노인의 투정에 당황하는 빛이 역력했다.

서글픈 현실을 목격하고 돌아오는 길에 몇 년 전에 모 교회지도자의 말이 가슴 깊은 곳에서 돋아났다. 그분도 노인들을 공경하라는 말씀에 순종하기 위해 원로원과 양로원을 찾아가 봉사했단다. 떡국을 잘 끓여서 배식을 했는데 자신의 떡국에 고기가 적다고 투정하고 노인들끼리 싸우는 모습을 보고 실망해 양로원보다는 독거노인들에게 관심을 가지게 되었다고 한다.

'과연 노인복지관 수탁운영을 해야 할까? 계속 이렇게 하다가는 오히려 하나님의 영광을 가리지 않을까?' 하는 생각 때문에 마음이 편하지 않았다. 그러나 결론을 내렸다. 의를 위한 핍박을 받기로 했다.

주님 뒤에 가룟 유다가 있었고, 열 문둥이의 병을 치료해 주셨는데 그 중 한 명만 감사한 것을 생각하니 노인들과 주고받은 말 속에 불쾌한 감정을 드러낸 내 자신이 주님의 종으로 너무 부족했음을 회개하면서 함께한 성도들을 위해 기도했다. '이젠 다시 시작이다. 몇 사람 투정한다고 큰 꿈을 버릴 수 없다'고 생각되어 남은 날 동안 더욱 잘해서 그늘진 얼굴에 황혼의 빛 비추게 하리란 맘으로 긴 밤 조용히 몸과 마음을 다졌다.

뒤를 돌 아 보 며

가는 세월 잡지 못하고, 오는 노년을 막을 수 없는 인생이 한 해의 지나감을 뒤돌아보면서 사랑하는 마음을 담아 함께 수고한 이들에게 보낸다.

나의 날이 아닌 한 해를 누릴 수 있도록 하나님은 은혜 주셨고 힘들고 여유 없이 고통의 터널인 IMF 속에서도 주님의 사랑이 중단되지 않게 하신 하나님께 영광을 돌린다.

젊은 때의 인생이 아름다운 산을 오르는 때라면 황혼의 때는 영원한 안식을 위해 산 능선을 내려오는 길이다.

복지관 운영을 돌아보니 박토에 심긴 나무처럼 힘들고 어려웠으나 역사의 주인님께서 좋은 사람을 보내주심으로 승리의 노래를 부를 수 있었음을 고백하며 지난날을 추억한다.

서로가 믿지 못해 불편해하고 신앙 차이에서 오는 선입견, 복지에 대한 이해 부족과 운영자들의 경험부족 등으로 힘들었던 때도 있었다. 그러나 영혼사랑의 뜨거움과 위로부터 부름 받은 이들의 꾸준한 노력이 오늘의 안정을 있게 했고 마음과 마음의 만남으로 말없는 대화를 할 수 있는 따스한 눈빛을 주고받는 복지관 분위기를 만들게 되었다. 또 평안함으로 얻는 여유, 게이트볼로 검게 탄 얼굴과 체력이 노인들의 삶의 질을 높여 놓았다.

지난 몇 년이 오늘을 만들어 주었으므로, 더 나은 내일을 위해 성민원 회원과 교회는 더욱 사랑을 실천하게 될 것이다.

숨 가쁘게 달려오는 노령화 사회를 준비된 마음으로 맞이하기 위해 실버의 특성에 맞는 사업과 환경을 만들어 갈 것이다. 그리고 복지를 사랑하는 자를 양성하여 좋은 날을 일구어 갈 것이다.

"여호와는 나의 목자시니 내가 부족함이 없으리로다 그가 나를 푸른 초장에 누이시며 쉴 만한 물가로 인도하시는도다 내 영혼을 소생시키시고 자기 이름을 위하여 의의 길로 인도하시는도다 내가 사망의 음침한 골짜기로 다닐지라도 해를 두려워하지 않을 것은 주께서 나와 함께 하심이라 주의 지팡이와 막대기가 나를 안위하시나이다. 주께서 내 원수의 목전에서 내게 상을 베푸시고 기름으로 내 머리에 바르셨으니 내 잔이 넘치나이다 나의 평생에 선하심과 인자하심이 정녕 나를 따르리니 내가 여호와의 집에 영원히 거하리로다"(시23:1~6).

끝으로 이 날이 오기까지 협력한 성민원과 교회와 행정기관, 그리고 자원봉사하신 분들께 하나님의 은총이 있기를 기도한다.

판 권
소 유

목회 속에 피어나는 복지

2013년 2월 5일 개정1판 인쇄
2013년 2월 8일 개정1판 발행

지은이 | 권태진
발행인 | 이형규
발행처 | 쿰란출판사

주소 | 서울 종로구 이화동 184-3
TEL | 02-745-1007, 745-1301, 747-1212, 743-1300
영업부 | 02-747-1004, FAX / 02-745-8490
본사평생전화번호 | 0502-756-1004
홈페이지 | http://www.qumran.co.kr
E-mail | qrbooks@gmail.com
        qrbooks@daum.net
한글인터넷주소 | 쿰란, 쿰란출판사

등록 | 제1-670호(1988.2.27)

책임교열 | 김유미, 송은주

값 9,000원

ISBN 978-89-6562-429-5 03230